UN MUNDO
SIN DEPRESIÓN

Historias para la superación de la enfermedad del siglo XXI

ALFONSO BASCO

KOLIMA BOOKS

Categoría: Crecimiento personal
Colección: Autoayuda, coaching, mindfulness y psicología

Título original: *Un mundo sin depresión*

Primera edición: Noviembre 2019
© 2019 Editorial Kolima, Madrid
www.editorialkolima.com

Autor: Alfonso Basco
Dirección editorial: Marta Prieto Asirón
Maquetación de cubierta: Sergio Santos Palmero
Maquetación: Carolina Hernández Alarcón, Carmen Ruzafa

ISBN: 978-84-17566-76-0

Dedicado a Esther, a Martín, a Alicia y a Guillermo,
con mucho cariño

ÍNDICE

PRÓLOGO

Quizá uno de los elementos que constituyen una diferencia en la vivencia de la población actual sea la búsqueda del sentido. La pregunta de por qué y para qué ocurren las cosas y la posibilidad de que las respuestas a las preguntas que cada uno se plantea le permitan sentirse en conexión consigo mismo, vivir en coherencia con lo que le completa y tener una existencia íntegra.

Esto sitúa a la humanidad en un lugar distinto a etapas anteriores en las que los conceptos morales de lo bueno y lo malo, lo correcto y lo incorrecto, respondían a la adecuación del comportamiento y al recorrido del individuo a criterios estandarizados que marcaban la integración del comportamiento individual en la expectativa social.

Esta evolución se traduce en una vivencia interna de conexión y adecuación a lo que es importante y da sentido a la vida. Los estándares desaparecen y pasan a jugar un papel relativo en la subsistencia y los niveles básicos de satisfacción de necesidades. Incluso en muchos casos se invierte la escala de necesidades básicas que se sustituyen por las de sentido y autorrealización, dando lugar a personas que adoptan formas de vida en las que la seguridad externa y la subsistencia ocupan grados mínimos de interés. La sensación global ha cambiado: los indicadores han pasado de situarse en el reconocimiento social a ocupar un lugar mucho más íntimo y subjetivo.

Este comportamiento, que afecta a cambios sociales importantes, también tiene una repercusión decisiva en la vida de cada persona. La conexión con uno mismo, la escucha de lo que late en el interior, de lo que da sentido, se constituyen en el sensor que expresa el grado de satisfacción con la experiencia vital. Desde esta perspectiva, la satisfacción que proporciona estar en armonía con uno mismo y sentirse de acuerdo con lo que proporciona una experiencia de plenitud y coherencia es el objetivo vital en base al cual se establece la valoración de la evolución y los resultados que se van obteniendo y experimentando en la vida.

La tristeza es una emoción que conecta con el mensaje de pérdida, con aquello que desaparece y que es importante, con lo que tiene sentido y no se puede recuperar o hay una expectativa de imposibilidad, de falta de recursos para alcanzarlo y dirigirse a ello; es decir, se anticipa que algo importante va a desaparecer o no se podrá acceder más a ello y tampoco se puede hacer nada para revertir la situación. Este es el origen y la razón por la que la sensación de tristeza ocupa un lugar muy importante en la vida de muchas personas: no han sido preparadas para dirigirse y alcanzar sus propios sueños. Confundieron lo que realmente las identificaba con la expectativa social, con lo que querían los que estaban a su alrededor, y se perdieron a sí mismos. Y hay un momento en que la consciencia cognitiva o corporal, o la sensación vital, les puso en contacto con esa pérdida a través de la emoción de la tristeza y se plantearon: «¿Y ahora qué puedo hacer? ¿Cómo puedo salir de esta encrucijada si el foco de mi vida fue satisfacer a otros y no la demanda interna que tiene origen en mi talento y potencial? ¿De qué manera recupero el encuentro conmigo mismo, la coherencia que daría lugar a otras emociones? ¿Cómo se puede recuperar la alegría de vivir?».

Todo ello pasa por la acción, por enfrentarse a nuevas formas de moverse y dar pasos distintos, por encontrar lo que es importante y dirigirse a ello, por atreverse a ser uno mismo y tener sueños en la vida, por permitirse disfrutar, ser pleno e invertir la vida en lo que le va a dar un sentido y una plenitud que ayude a vivir al cien por cien. La educación ha de evolucionar, desplazarse de la estandarización a la individualidad, de lo que está bien a lo que da sentido y nos permite establecer una relación amorosa con nosotros mismos.

Este libro responde a esos momentos, a ese encuentro, a la apertura de posibilidades, a las acciones que son posibles y que se pueden abrir. Es una perspectiva que ofrece respuestas en un terreno en el que estas son absolutamente necesarias, porque vivimos desde un aprendizaje distinto a las inquietudes que nos planteamos. Hemos de aprender a convivir con la incertidumbre, a construirnos con el foco puesto en el potencial de cada uno, en lo que nos da sentido y en lo que dirige las acciones a los sueños, a los objetivos que proporcionan identidad y plenitud.

A través de la lectura de este libro encontrarás muchas claves para hacerte cargo de esta situación y poder integrarla en tu vida tomando medidas que te permitan verla desde otro punto de vista, actuar de forma diferente y buscar soluciones de acuerdo al momento y la situación concreta que estés viviendo.

Dr. MIGUEL ÁNGEL VELÁZQUEZ,
Psicólogo y *coach* ontológico.
Director del Centro de Investigación en Valores
CIVSEM - Fundación Tomás Pascual y
Pilar Gómez-Cuétara

PREÁMBULO

«El ser humano que se levanta es aún más fuerte que el que no ha caído».
Viktor Frankl

Te doy la bienvenida a esta obra, que no trata sobre las aventuras de personajes trepidantes de ficción, sino de héroes de verdad que muestran a través de sus experiencias exitosas cómo es posible vencer a la enfermedad del siglo XXI, la depresión. Se trata de historias reales de quienes supieron vencer a «la enfermedad del alma». Historias que nos enseñan las etapas del viaje que recorrieron a partir de aquel momento de su vida en que dejaron de vivir para empezar a «sobrevivir». El objetivo de este libro es servir de aliado, inspiración y ayuda contra la depresión, ya sea para quien la viva en primera persona o quien la experimente de manera cercana en un familiar, su pareja, amistades cercanas, compañeros de trabajo o de clase, etc. Y, en definitiva, para que cualquier lector pueda tomar consciencia de una pandemia compleja y difícil de reconocer que afecta a unos 350 millones de personas en el mundo.

Las historias de ex pacientes que se recogen en este libro nos abren la puerta a poder decir «no» ante la llegada o el padecimiento prolongado de la depresión: una enfermedad que no distingue entre razas, estatus social, edad o ámbito profesional. La visión del autor también queda presente en esta obra; no en calidad de experto en

Psicología o Psiquiatría, sino desde la perspectiva de alguien especialmente interesado en la materia y que ha enfrentado y superado un proceso de depresión. Asimismo se recogen los testimonios y opiniones de profesionales en esta materia que muestran sus recomendaciones sobre cómo prevenir y luchar contra la enfermedad. Cada relato aquí mostrado es diferente y muy personal, puesto que contra la depresión no hay un origen ni una solución estándar. En algunos casos consistió en decir «basta ya» a una mala relación de pareja, trabajo o circunstancia vital dañina mantenida en el tiempo; en otros fue suficiente con creer realmente que otra forma de vivir, más sincera y coherente con uno mismo, es posible, y empezar a vivirla. En varios se trató de plantar cara a la enfermedad y mantenerse fuerte y constante, saliendo del silencio y haciendo saber a las personas cercanas qué ocurría. Y en todos ellos supuso, además, acudir a un terapeuta profesional.

A lo largo del libro se irán proporcionando datos, cifras, experiencias, causas o consecuencias de la depresión para poder tener una imagen amplia de la enfermedad desde diferentes puntos de vista. También se incluyen al final referencias bibliográficas y recursos contra la depresión, así como un glosario de términos para aquellas palabras más técnicas o menos frecuentes. En algunos capítulos se incluyen ilustraciones que van mostrando la transición del paso de la enfermedad hasta que el afectado logra recuperarse y vencerla. Están realizadas por «Ángel», uno de los ex pacientes y protagonistas de las historias de superación de la depresión que se incluyen más adelante y que plasma parte de su propia historia en ellas.

Espero que disfrutes este libro, y sobre todo que sea de utilidad para que entre todos podamos hacer frente a esta gran enfermedad.

INTRODUCCIÓN

Cuando hablamos de la enfermedad del siglo XXI, ¿a qué nos estamos refiriendo?

Según datos de la Organización Mundial de la Salud (en adelante OMS), la depresión es una enfermedad frecuente en todo el mundo y se calcula que afecta a unos 350 millones de personas. En 2020 será la segunda enfermedad más extendida en el mundo, y en 2030 la primera. Cuando se padece puede convertirse en un problema de salud grave, especialmente si es de larga duración. También puede llegar a causar gran sufrimiento y alterar las actividades laborales, escolares o familiares. En el peor de los casos puede acabar derivando en la tragedia del suicidio. Cada año se suicidan en el mundo más de 800.000 personas, siendo hoy por hoy la segunda causa de muerte entre la población mundial de 15 a 29 años. Esta cifra probablemente sea muy superior ya que en determinados países innumerables casos de suicidio no se contabilizan como tales, ya sea por ocultación, vergüenza familiar, ocurrir en zonas de conflicto, etc. También porque a veces no se puede demostrar si se ha tratado o no de un accidente. Solo en España cada día se suicidan diez personas y otras veinte lo intentan, lo que convierte al suicidio en un problema grave que va en aumento y que está estrechamente relacionado con la depresión.

Aunque hay tratamientos eficaces para la depresión, más de la mitad de los afectados en todo el mundo (y más del 90% en muchos países) no reciben esos tratamientos según la OMS. Entre los obstáculos a una atención eficaz se encuentran la falta de recursos y de personal sanitario capacitado, además de la estigmatización social de los trastornos mentales. Otra barrera para la atención eficaz es la evaluación errónea. Personas con depresión a menudo son diagnosticadas de forma incorrecta, lo que les impide poder recibir el tratamiento adecuado. En paralelo, otras personas que en realidad no la padecen a menudo también son diagnosticadas erróneamente y tratadas con antidepresivos que no necesitan.

El promedio mundial de casos de depresión y otros trastornos mentales asciende progresivamente. De hecho, una significativa resolución de la Asamblea Mundial de la Salud en el año 2013 supuso un hito en la materia, ya que se abogó de manera unánime por una respuesta integral y coordinada de los países a este problema dada su magnitud.

Si hablamos de España, al menos un 20% de su población ha presentado algún trastorno mental. El episodio depresivo más grave (también conocido como depresión mayor y que describimos a continuación) es el más usual, con una prevalencia del 3,9%, siendo para las mujeres más del doble que para los hombres; 5,62% frente a un 2,15% (Haro et al., 2006). Por tanto, la probabilidad de que una persona sufra depresión a lo largo de su vida es superior a la de otros trastornos mentales como la ansiedad o el consumo de sustancias (Vindel, Salguero, West, Dongil, y Latorre, 2012). La evidencia de estas cifras, así como las consecuencias que la depresión tiene para la sociedad, han propiciado que la depresión comience a ser objetivo trascendental de las políticas de salud pública (Valladares, Dilla, y Sacristán, 2009) con un coste total en toda Europa estimado en 118 billones de euros y un gasto anual de 5.005 millones en el caso de España (Sobocki, Jonsson, Angst, y Rehnberg, 2006).

Al hablar de depresión, técnicamente nos referimos al trastorno depresivo mayor (o MDD por sus siglas en inglés). También es conocido como depresión mayor o depresión clínica, o como depresión recurrente en el caso de presentarse repetidos episodios. Dependiendo del número e intensidad de los síntomas, la depresión mayor puede categorizarse de acuerdo a Clasificación Internacional de Enfermedades de la OMS como episodio depresivo leve, moderado o grave.

Las personas con episodios depresivos leves y algunos moderados tendrán dificultades para seguir con sus actividades laborales y sociales habituales, aunque probablemente no las suspendan completamente. En cambio, durante un episodio depresivo grave es muy improbable que el paciente pueda mantener su ritmo normal de vida si no es con grandes limitaciones.

Para poder identificar con claridad y profesionalidad un cuadro de depresión mayor se debe acudir a un profesional. Dicho esto y para aportar mayor información al lector sobre cuáles son los criterios estandarizados para ello, pasamos a verlos a continuación.

Criterios diagnósticos de trastorno de depresión mayor según el prestigioso manual de diagnóstico DSM-5[1] editado por la Asociación Estadounidense de Psiquiatría:

A. Cinco (o más) de los síntomas siguientes han estado presentes durante el mismo período de dos semanas y representan un cambio de funcionamiento previo y al menos uno de los síntomas es uno de los dos siguientes:
    (1) Estado de ánimo deprimido la mayor parte del día casi todos los días, según se desprende de la información subjetiva o de la observación por parte de otras personas.
    (2) Disminución importante del interés o el placer por todas o casi todas las actividades la mayor parte del

---

1   Fuente: American Psychiatric Association. DSM-5.

día casi todos los días (como se desprende de la información subjetiva o de la observación).

(3) Pérdida importante de peso sin hacer dieta o aumento de peso o disminución del apetito casi todos los días

(4) Insomnio o hipersomnia casi todos los días.

(5) Agitación o retraso psicomotor casi todos los días.

(6) Fatiga o pérdida de energía casi todos los días.

(7) Sentimiento de inutilidad o culpabilidad excesiva o inapropiada (que puede ser delirante) casi todos los días (no simplemente el autorreproche o culpa por estar enfermo).

(8) Disminución de la capacidad para pensar o concentrarse o para tomar decisiones casi todos los días (a partir de la información subjetiva o de la observación por parte de otras personas).

(9) Pensamientos de muerte recurrentes (no solo miedo a morir), ideas suicidas recurrentes sin un plan determinado, intento de suicidio o un plan específico para llevarlo a cabo.

B. Los síntomas causan malestar clínicamente significativo o deterioro en lo social, laboral u otras áreas importantes de funcionamiento.

C. El episodio no se puede atribuir a los efectos fisiológicos de una sustancia o de otra afección médica.

D. El episodio de depresión mayor no se explica mejor por un trastorno esquizoafectivo[2], esquizofrenia, trastorno esquizofreniforme[3], trastorno delirante[4], u otro trastorno especificado o no especificado del espectro de la esquizofrenia y otros trastornos psicóticos.

E. Nunca ha habido un episodio maníaco o hipomaníaco[5].

La depresión en nuestra sociedad es una pandemia que ha pasado de ser un tema tabú a ser algo de lo que sí se puede hablar pero en un sentido mayoritariamente vulgarizado o confundido: «estás un poco depre; eso con una buena juerga se te pasa». Esta enfermedad no consiste en estar puntual o temporalmente triste. Hablamos de un proceso muy desgastante, paralizante; quien lo padece puede llegar a no reconocerse a sí mismo ni tener control sobre su vida. También puede generar dolor físico real y permanente, además de otras consecuencias tales como la dificultad o incapacidad de sentir alegría o placer, insomnio y pérdida de apetito, pérdida de memoria y razonamiento, carencia de ganas, de pasión, de interés, de energía, que dejan al paciente sumido en una situación de bloqueo total ante cualquier actividad cotidiana.

Partiendo de la definición y contexto anterior, pasamos a dar respuestas a cómo poder hacer frente a esta enfermedad cada vez más extendida. El primer paso: reconocer la enfermedad.

RECONOCIENDO LA ENFERMEDAD

Un paso de gigante a la hora de enfrentar la depresión es identificarla (con ayuda de los criterios recogidos en el apartado anterior) y reconocer que efectivamente se padece. Solo así se podrá empezar a trabajar para superarla.

El origen de la enfermedad puede ser muy diverso. La principal clasificación de acuerdo a la OMS está en su origen, hablándose así de depresión endógena o exógena, dependiendo de si se desarrolla por causas biológicas personales o por factores externos, respectivamente.

En la depresión endógena influye la herencia genética y puede aparecer sin que haya una clara causa externa que la justifique. Incluso aunque la persona deprimida llegue a identificar determinados sucesos desencadenantes de la misma, no suelen ser lo suficientemente graves como para llevar a padecer la enfermedad. La herencia genética no es determinante, tan solo influye. Por ejemplo, si se mantiene un estilo de vida saludable desde el punto de vista físico y mental, la herencia genética puede quedarse en una mera tendencia a la enfermedad que puede ser controlada.

Profundizando aún más se distingue entre la depresión endógena unipolar, que se caracteriza por un único estado en el paciente, el estado depresivo; y la depresión endógena bipolar, que se caracteriza por la alternancia de dos estados: la actitud hiperactiva (euforia, ideas de grandeza, optimismo no realista, proyectos de vida extravagantes o impulsivos, etc.) y el estado depresivo (apatía, tristeza, sentimiento de inutilidad o de culpa, etc.)

La depresión exógena es la que se produce a partir de un suceso traumático, que puede ser puntual o sostenido en el tiempo (un problema grave de salud física, un proceso de separación, la muerte de un ser querido, un despido o una crisis laboral, etc.) Experimentar dolor ante acontecimientos traumáticos es absolutamente normal. El proceso depresivo comienza cuando la tristeza o el dolor se mantienen de forma prolongada sin llegar a desaparecer y ocupando un lugar protagonista en nuestra vida. En este caso, y aunque la depresión tenga un origen externo, puede acabar provocando también un desequilibrio en la fisiología del cerebro. En este sentido es importante diferenciarla de un sentimiento natural de tristeza causado por algún suceso producido al inicio de un proceso depresivo. Sentir dolor ante un hecho traumático es natural y forma parte de la vida. Pero debemos permanecer alerta para detectar si el protagonismo y la persistencia de las consecuencias de ese trauma han podido desequilibrar poco a poco el funcionamiento neurológico. En este tipo de casos es especialmente efectiva la ayuda de un terapeuta profesional.

Si hablamos de los síntomas más frecuentes, la OMS nos lleva a una distinción fundamental, que es la establecida entre la depresión en personas con y sin antecedentes de episodios maníacos. Ambos tipos de depresión pueden ser crónicos y reincidentes, especialmente cuando no se tratan.

El Trastorno Depresivo Recurrente, como su nombre indica, se caracteriza por repetidos episodios de depresión. Durante estos episodios hay un estado de ánimo que consiste en la pérdida de interés y de la capacidad de disfrutar, y una reducción de la energía que produce una disminución de la actividad, todo ello durante un mínimo de dos semanas. Muchas personas con depresión también padecen síntomas de ansiedad, alteraciones del sueño y del apetito, sentimientos de culpa y baja autoestima, dificultades de concentración e incluso síntomas de distinta índole que no tienen explicación médica.

El Trastorno Afectivo Bipolar consiste característicamente en episodios maníacos y depresivos separados por intervalos de un estado de ánimo normal. Los episodios maníacos cursan con estado de ánimo elevado o irritable, hiperactividad, logorrea[6], autoestima excesiva y disminución de la necesidad de dormir.

Identificar los primeros síntomas de un proceso depresivo y confirmarlos posteriormente con un profesional es necesario para poder prevenirlo y/o enfrentarlo con éxito. No solo se puede hacer en primera persona, sino también cuando observemos un caso a nuestro alrededor: un familiar, un compañero de trabajo, un amigo, etc., y así saber cómo actuar. Por un lado, para poder ayudar a la persona enferma, y por otro, para cuidarse ante un posible «efecto contagio» (por ejemplo, en la vida de pareja). Cayendo en un proceso similar no ayudaremos al enfermo, quizá todo lo contrario. Es decir, se trata de ayudar... pero de ayudar bien: con paciencia, comprensión, auto-protección, etc. Más adelante abordaremos esto con mayor detalle.

Uno de los grandes problemas a los que se enfrenta quien padece la depresión es la falta de empatía ajena y el desconocimiento que existe sobre cómo ayudar de forma eficaz al enfermo. Por ejemplo, el no saber actuar al confundir depresión con vagancia, introversión, aburrimiento, tristeza puntual, etc. En todos los casos, las causas que nos llevan a la depresión pueden ser múltiples: la empatía y la sensibilidad excesiva ante cualquier circunstancia propia o ajena, una mala relación de pareja, laboral, familiar, etc. Las causas sistémicas como el individualismo y el aumento de la soledad propio de la sociedad contemporánea también afectan cada vez más al crecimiento de la enfermedad en todo el mundo. Nadie queda completamente a salvo, por lo que se hace cada vez más necesario para la sociedad actual saber de qué estamos hablando y cuáles son las opciones que tenemos para prevenir y luchar contra esta enfermedad.

¿Qué se puede hacer ante un diagnóstico de depresión? Admitir que se padece, acudir a un terapeuta profesional, no aislarse y pedir ayuda a las personas adecuadas de nuestro entorno, estar dispuestos a poner de nuestra parte para salir adelante, tener paciencia y entender que no va a ser fácil ni se tendrán resultados inmediatos, y ver el modo de enfrentar la enfermedad como una oportunidad para cambiar todo aquello que nos ha llevado a esa situación, son algunos de los pasos a dar. No obstante, a lo largo del libro se irán ampliando y concretando diferentes respuestas a esta pregunta desde el punto de vista del paciente, de las personas que lo rodean y de la sociedad en su conjunto.

Los siguientes capítulos incluyen opiniones e historias reales de quienes enfrentan o han enfrentado un proceso de depresión. En primer lugar, con testimonios de ex pacientes que comparten con el lector cómo han podido superar la depresión con su actitud y proactividad. En segundo lugar, de la mano de terapeutas profesionales que muestran sus ideas y opiniones sobre qué podemos hacer para prevenir y vencer la depresión. En tercer lugar, con relatos de profesionales (no terapeutas) que trabajan desde hace muchos años en puestos de responsabilidad en organizaciones que luchan contra la depresión y el suicidio (Teléfono de la Esperanza y Teléfono contra el Suicidio). Y, por último, con la propia experiencia y vivencia del autor, después de la cual se decidió a emprender la redacción de este libro.

PRIMERA PARTE

LA DEPRESIÓN SE PUEDE SUPERAR

1. HISTORIAS REALES Y EXITOSAS DE SUPERACIÓN DE LA DEPRESIÓN

«LA VIDA ME DIO UNA NUEVA OPORTUNIDAD QUE NO DEBÍA DESAPROVECHAR»

La historia de Javier

Ya desde niño sabía que era diferente. Había algo dentro de mí que no era lo «correcto», lo «normal». Me crié en una familia conservadora con un padre autoritario y con una madre y dos hermanas, y siempre se me notaban esas «maneras» que me hacían algo distinto; todos lo notaban pero callaban, y yo a su vez sabía que todos lo sabían, o al menos lo intuían, pero supongo que pensaban que se me pasaría y que era cosa de la edad.

Desde muy pequeño sentía atracción por mis compañeros de clase, los chicos, pero la bloqueaba inmediatamente. No podía permitirme ser así; los míos me «matarían» si se enteraban. Era el hazmerreír de la clase, el «maricón» con el que todos se metían. Todos los días sin excepción me hacían lo que hoy se conoce como «bullying».

Ante esa situación, los profesores me miraban condescendientes, con pena, y ponían esa media sonrisa que me indicaba que nada podían hacer, que me ofrecían su apoyo pero a su vez no daban la cara por mí, y yo, desesperado, me iba a mi casa y seguía siendo ese pequeño «sonriente y feliz» que se sentía solo y tenía que seguir fingiendo porque el raro era él y no los demás, y se merecía todo lo que le estaba pasando.

Todos pensaban que era un niño feliz, y en realidad lo era porque lo tenía todo: amor de mi familia, algún amiguito (con poco me conformaba), caprichos, los mejores colegios... Pero ¿de qué me servía todo eso si me sentía tan solo? ¿Cómo un niño tan pequeño puede sentirse tan solo y por qué tiene que sufrir esas cosas a tan corta edad cuando aún no se ha formado ni tiene fortaleza para sobrevivir ante la adversidad?

Este niño desesperado tenía una vía de escape: el chalet familiar en la sierra de Madrid donde nuestra familia pasaba los veranos, los fines de semana y los festivos en general. Allí creé un grupo de amigos de verdad, hallé cierta protección y esa desesperanza tan profunda encontraba algo de luz. Solo quería estar allí: odiaba Madrid, odiaba el colegio y cada vez que pasaba el verano y comenzaba un nuevo curso entraba en pánico y volvía a caer en lo más profundo porque sabía a ciencia cierta que desde el primer día hasta el último me iban a machacar.

Y así estuve años ocultando mi verdadero yo, fingiendo que era el más macho, con miedo a todo y todos, sintiendo esa soledad abrumadora... razones suficientes por las que un niño de esa edad puede caer en una depresión, como así acabó ocurriendo. La causa principal... el «bullying». Otras causas podrían ser sentirme solo, sentir que nadie me ayudaba aun sabiendo lo que me pasaba, no poder crecer con mi yo auténtico, sentirme continuamente humillado, sentir vergüenza por el qué dirán, sentir culpa... mucha culpa.

Pasaron los años y llegó la adolescencia, esa fase en la que se forma tu identidad y aparecen esos conflictos que te hacen sentir peor por no ser quien debes ser; donde todos te preguntan «bueno qué, ¿tienes novia?», la eterna pregunta a la que no sabes qué contestar y siempre acabas contestando: «tengo muchos rollos...». Uf, qué patético. ¡¡¡Quería gritar!!! ¿Cómo saldría de esta, cómo ser quien yo quería ser?

Es cierto que me echaba novias para intentar que me gustaran las mujeres; yo también tenía mis dudas y pensaba que quizás todo era un problema hormonal, que sería cuestión de tiempo el sentirme atraído por una mujer, casarme y tener hijos, con lo que en esa frase adolescente sí tuve esperanzas de poder «sanar» de esa «enfermedad» que yo pensaba que tenía y que la sociedad consideraba como tal...

Pero no, eso nunca pasó; las novias no me duraban ni un mes, no me «ponían», me gustaban más los novios de mis amigas que ellas. ¡Dios mío! Volvía a estar en la misma situación pero peor porque ya casi era un hombrecito; todos los de mi edad empezaban a tener novia menos yo.

Qué lío ¿verdad? Pues sí, ese lío es el que se forma en tu cabeza cuando quieres ser tú y no se te permite.

Y a esa edad en la que se forma esa identidad que te definirá como adulto tuve que reprimir aún más mis deseos, mis sentimientos, mi todo, con lo que la desesperanza que me acompañaba desde niño era cada vez mayor.

A los dieciocho años, un día de verano justo antes de entrar en la universidad, los amigos de la sierra, con los que me sentía tan bien en mi infancia cruel, me hicieron «la putada de mi vida». Uno de ellos extendió el rumor de que yo había intentado abusar de él, que era un monstruo y que se anduvieran con cuidado conmigo. Mis amigos me dejaron de hablar, haciéndome un vacío tal que hizo que me rompiera en dos; toda esa torre de fortaleza sobre la que me apoyaba se derrumbó en ese instante.

Y, sin rumbo, caí en la más absoluta tristeza, en una gran depresión, sabiendo que era la comidilla, que todos hablaban de eso. Que todos me miraban y juzgaban como la peor persona del mundo... Incluso llegó a oídos de mi familia... Sufrí la mayor de las humillaciones.

Esa fue la gota que colmó el vaso de verdad; jamás pensé que aquellos amigos del alma me harían algo así, ¡jamás!

Mientras todo esto pasaba sufrí el más absoluto rechazo por parte de un familiar directo muy cercano, uno de mis referentes, uno de mis protectores, que de repente dejó de serlo; sentí que perdía otra de mis fortalezas de vida, mi hogar... otra cuchillada más a mi alma ya herida...

Comencé la universidad con un miedo aterrador y con la autoestima por los suelos después de lo que me acababa de pasar, no podía confiar en nadie.

Distraía ese dolor emborrachándome los fines de semana; la universidad y su gente eran mi vía de escape; al fin y al cabo ellos no sabían nada y no me juzgaban. Les caía bien y me trataban bien, pero yo llevaba la procesión por dentro. Hasta un día, cuando me llegó que me llamaban «violador». Mi alma no pudo más y fue cuando hice la cosa más absurda y dolorosa de mi vida...

Llegué a mi casa borracho y roto de dolor; estaba solo y me vino a la cabeza mi infancia y mi adolescencia, me vino todo de golpe, las humillaciones, los insultos, la crueldad... Mi mente me jugó una muy mala pasada porque tanta información cruel que hizo que, sin pensarlo, fuera al baño de mis padres y me tomara decenas de pastillas que encontré; me daba igual cuántas y cuáles eran; yo solo quería que todo acabase de una vez.

¿Qué había hecho yo mal para merecer todo eso durante tantos años? me preguntaba...

«Ah sí —me decía—, eres maricón, das asco, estás enfermo y todos se avergüenzan de ti...». Sí, eso es lo que pensaba y me repetía a mí mismo mientras hacía lo que nunca debí hacer... Terrorífico ¿no?

Cuánto daño puede hacer el ser humano pienso mientras escribo estas palabras... Uf, qué duro recordar esto...

Me senté en el sofá, solo y derrotado, esperando el fin de ese dolor...

Empecé a sentir malestar; me dolía mucho el estómago y comencé a quedarme dormido y a sufrir convulsiones. Me asusté, y mucho... y entonces fue cuando pensé en mi madre... en mi familia... ¡¡en mí!!

«¡Dios mío, qué has hecho! –me decía–. ¡Vas a destrozar a tu madre, a tu familia!».

Y en uno de esos ataques de lucidez, entre la somnolencia y las convulsiones cada vez más frecuentes llamé a unos familiares que sabía que estaban en Madrid (era verano y todos estaban de vacaciones).

Me dio tiempo a decirles lo que había hecho, que me estaba quedando dormido y que pidieran las llaves al portero porque no aguantaría despierto; ahí es cuando tuve miedo de verdad... ¿Y si no llegaban a tiempo? ¿Y si no podían abrir la puerta porque el portero no tuviera las llaves por la razón que fuera? Yo perdía fuerzas por momentos y empezaba a sentir que me desmayaba, y...

Me desperté en el hospital lleno de tubos por todos lados, muerto de miedo y sin saber qué había pasado. Vi a mi madre a mi lado, llorando, preguntándome: «¿Por qué lo has hecho, mi niño? ¿por qué lo has hecho, mi ángel? ¿por qué?».

Yo estaba desconcertado; me mataba ver a mi madre así. ¿Qué había pasado?; de verdad que no me acordaba de nada y me dormí de nuevo...

Esta vez me desperté en planta con un médico joven sentado a mi lado observándome.

Yo ya empezaba a recordar todo, me encontraba mucho mejor y sentía mi cuerpo, tenía fuerzas para moverme y hablar... Dios mío, ¡sentía una culpabilidad tan grande! ¡pero qué había hecho!

De repente, el médico se echó a llorar en silencio mientras me miraba (imaginaos mi cara de asombro...) y me contó su historia, su terrible historia... Entre lágrimas, y sin apenas voz, me dijo:

«Hace unas semanas murieron mi mujer y mi hijo de dos años en un accidente de tráfico; mi relación era idílica, de amor verdadero, de felicidad; nos habíamos casado hacía poco y todo era perfecto hasta que un día recibo la peor llamada de mi vida... ¿Tú crees que esa no es razón suficiente para quitarme la vida? ¿Cómo crees que me siento después de haber perdido todo? ¿Tú crees que yo no me he planteado hacer lo que has hecho...? ¡Pero no! Esa no es la solución porque ¿sabes qué? La vida es de los valientes, de los que luchan ¡y yo soy de esos! Sé que la vida me va a dar otras muchas cosas, que hay que seguir y que hay mucha gente que me quiere y me necesita... ¿Qué diría esa gente si me quito de en medio? Y vas tú y te intentas matar así sin más... ¿Cómo se te ocurre? ¡No vuelvas a hacer algo así! ¿Sabes cómo estaba tu madre? ¿Tu familia? ¿Se merecen algo así? ¡Piénsalo!». Lo recuerdo perfectamente. Así, literal de lo que me impactó...

Esas palabras hicieron «click» en mi cabeza. Yo no sabía qué decir; solo lloraba por él, por su desgracia, por la vergüenza que sentía por lo que había hecho porque no era justo lo que le había hecho a mi familia pero sobre todo a mí mismo.

Ese médico y esas palabras cambiaron mi vida, y lo digo de corazón. En ese momento no pude tener más claras las cosas: tenía tantas ganas de vivir, tenía tantas ganas de ser feliz, de disfrutar de las cosas que tenía, y sobre todo de dar gracias a la vida por tantas cosas...

Estuvimos hablando un buen rato. Me escuchó, me dio calor y me ayudó a pensar.

Yo admiré su generosidad al haberse abierto de esa manera contándome su historia, su fortaleza y sus ganas de vivir, porque en el fondo, a pesar de su tristeza, él quería vivir. ¡Qué lección me dio!

Parecerá una tontería pero ese «ángel» fue el que hizo que de repente yo saliera de ese pozo, que me diera cuenta de que en la vida hay cosas más importantes que el que te llamen «maricón», que las cosas duelen y hay que buscar la vía para afrontar ese dolor; en definitiva: hay que ser fuerte y no compadecerse tanto de uno mismo... Siempre hay alguien que seguro te puede ayudar, el que menos te esperas incluso.

Los siguientes años fueron felices. Por fin era yo mismo, lograba mis objetivos y, lo más curioso, desde que me quise y respeté a mí mismo los demás también lo hicieron; jamás volví a recibir un insulto ni una falta de respeto. Creo que esa seguridad y alegría que transmitía hacían que las cosas fueran bien y simplemente fluyeran.

En esos años, algunos de los que me habían hecho ese vacío incluso me pidieron perdón de forma sincera.

¿Cómo es que de repente todo iba tan bien? ¿Cómo es que los que me habían machacado parecían avergonzados y suplicaban mi perdón? ¿Cómo es que la vida me sonreía tanto después de lo vivido? No daba crédito pero no pensaba; simplemente la vida me estaba haciendo un regalo y yo me dejé querer, me dejé querer mucho...

De repente, ese familiar que tanto me había rechazado enfermó y quedaba poco tiempo. Dentro de toda esa felicidad estaba ese asunto que me quedaba por resolver, porque llevaba muy mal ese tema y la poca rabia que me quedaba era toda para él. Y justo antes de que partiera a mejor vida, me llamaron. ¡Quería hablar conmigo! ¡Pedirme perdón por el daño causado! Quería verme antes de marcharse. Salí corriendo al hospital pero llegué tarde... Pero no pasa nada porque me quedo con la intención, me quedo con que le perdoné y por fin hallé la paz.

Quizás no tenga una respuesta exacta de cuál fue la causa real que me hizo salir de ese pozo porque fueron muchas cosas... Quizás la experiencia que viví, esa conversación, ese perdón, no sé... Solo sé que algo ese día hizo ese «click» en mi cabeza de repente... Y en el fondo sé que todos ansiamos la vida porque vivir es muy bonito; solo hay que saber encontrarse a uno mismo, escucharse, quererse, ignorar a los que te hacen daño, aprender a vivir en soledad sin dependencias ni apegos extremos y aprovechar la vida que se nos ha dado porque muchos no tienen la suerte de tenerla... Pensando bien en todo eso, desde mi humilde opinión creo que se sale de cualquier pozo.

Sé que arrastraba mucha desesperanza y tristeza desde la infancia, demasiados años con esa oscuridad interior fingiendo que todo estaba bien; sé que es muy duro que un niño deba pasar por eso, pero ahora me doy cuenta de lo fuerte que aquella experiencia me hizo. Me enseñó a quererme, a aceptarme, a perdonarme, a perdonar y, sobre todo, me enseñó a vivir. Me he dado cuenta de que en el otro extremo de ese dolor hay una vida maravillosa; sin sentir dolor, no puedes saber qué es la felicidad. Es como un aprendizaje de vida y me lo tomo como tal.

Eso no quita que cuando lo recuerdo me duela y mucho porque fue una etapa aterradora. Pero todo pasa... de verdad... todo acaba pasando...

La vida me dio una nueva oportunidad que no debía desaprovechar, y así fue. En efecto, mi vida cambió. Hasta mi madre me decía que parecía otra persona, que no me reconocía porque de repente estaba feliz. Siempre he pensado que cuando transmites positividad esta se te devuelve multiplicada por tres y así lo he vivido yo.

Superado esto, queriéndome mucho y creyendo en mí, he conseguido todo lo que he querido en la vida:

Terminé mi carrera, me especialicé y ahora estoy terminando mi segunda carrera (y pensando en hacer mucho más...)

Tengo trabajo, y no uno sino varios, con jefes y compañeros maravillosos, y sobre todo trabajando en lo que me gusta.

Tengo amor, un amor desde hace diecisiete años que me llena de vida y que sé que es para siempre.

Tengo amigos, los mejores que uno puede tener, que me cuidan, me quieren y me llenan de vida.

Tengo a mi familia... esa maravilla que siempre estuvo ahí en lo peor y ahora en lo mejor: son mi vida entera.

¿Quién me iba a decir cuando estaba en lo más profundo que tenía tantas cosas bonitas esperándome ahí fuera...? ¿Y si me hubiera salido mal la jugada? Me habría perdido taaaaantas cosas...

Perdóname vida porque te desafié y tú, generosa, me diste la oportunidad que necesitaba para darme cuenta de que eres maravillosa.

Por eso te doy las gracias cada día, por todo, sin más, sin especificar... Simplemente soy agradecido y estoy seguro de que con esta actitud las cosas siempre me irán bien.

«LLEGAR A DONDE UNO QUIERE ES POSIBLE»

La historia de Marta

Si respondiera a qué me llevó a la depresión, me doy cuenta de que había varios ingredientes. Digamos que mi depresión la podría llamar «ausencia de perfección». Si la depresión fuera un tipo de pastel, mi pastel se llamaría así. Los ingredientes que lo componían eran: sentirme fea, gorda, tonta, rara, diferente, que no encajaba... Con ese pastel tan pesado, ¿qué podía hacer?

Todo empezó a los trece años. Estudiaba mucho para sacar buenas notas, para alegrar a mis padres, para ser la niña buena, perfecta, modelo, obedecer, hacer lo que yo creía que se esperaba de mí. Pero vomitaba la comida y hacía mucho deporte porque creía que teniendo un cuerpo bonito llamaría la atención de los chicos y así tendría pareja y sería feliz, completa, estaría acompañada.

Con esfuerzo conseguí perder unos veinte kilos. Dirás, ¡qué barbaridad! Pues yo me veía igual. En alguna parte de mi cerebro se quedó grabada la imagen de mi cuerpo con 65 kilos y nunca llegué a verme con 45 kilos. Sé que los tuve porque la báscula lo marcaba. Lo único que no conseguí fue gustar a ningún chico... o si lo hice no me enteré. Demasiado trabajo tenía yo con mi pastel de «ausencia de perfección» como para dedicar tiempo a otra cosa. Tiempo que no dedicaba ni a mis amigas porque me sentía incomprendida. Ellas pensaban que yo lo hacía para llamar la atención... Y yo pensaba que si fuera para eso lo haría todo a plena luz del día, no me escondería para devolver, no cerraría la puerta. Lo hubiera contado, lo diría. No tendría necesidad de comer, pesarme, hacer deporte a escondidas. Ahora entiendo que ellas construían otro pastel, con más amor propio, con el tonteo, con experimentar con drogas, tabaco, alcohol. Cada grupo de amigos tenía unas preferencias. Dudo que si alguno hubiera estado elaborando un pastel como el mío lo hubiéramos construidos juntos. Era como una necesidad de hacerlo sola y al mismo tiempo gritaba en silencio, ¡ayuda!

No recuerdo muy bien qué más factores me llevaron a acabar así... Recuerdo que la primera vez que devolví fue después de enterarme de que mi mejor amiga tenía novio. Es como que me sentía inferior y a la vez tenía miedo de que se fuera con él, miedo a que me dejase de elegir a mí, miedo a distanciarnos, a perderla. La idea de devolver llevaba rondando mi cabeza unos meses pero ese fue el detonante. Recuerdo mi primer vómito como si fuera ayer, el lugar, mi ropa...

A partir de esa primera vez, hubo muchas más. Al principio fue esporádicamente; solo devolvía cuando consideraba que me pasaba comiendo o que comía mal. Luego pasé a devolver cualquier comida, incluso una manzana, y por último devolvía hasta el agua. El agua solo cuando sentía que estaba hinchada, cuando sentía sensación de pesadez. Recuerdo que se me retiró la regla y la doctora me dijo que tenía los ovarios inmaduros. No me hicieron más pruebas, ni una pregunta, ni un comentario sobre mi peso. Imagino que era bajo pero normal para mi edad y constitución. El diagnóstico de esa doctora fue otra excusa para seguir con mi plan. Sentía que me estaba matando poco a poco a escondidas. Sentía que yo misma me había generado un problema «de la nada» y al mismo tiempo no podía parar. Era como si una fuerza más grande que yo me empujase a devolver y a ir al gimnasio a hacer deporte varias horas al día. Prefería morir a estar obesa, odiaba la sensación de pesadez, el imaginarme gorda y no poderme mover. Prefería morir a que la piel, la grasa, me colgasen. Prefería morir a que el pantalón o el cinturón no me abrocharan o me apretasen. Prefería morir a ser imperfecta.

La depresión realmente vino cuando después de conseguir todo lo que conseguí, el peso deseado, las buenas notas, el saber hacerlo «todo sola», las cosas seguían igual o incluso peor. Ese fue un momento de gran bajón. Había asociado el conseguir todas esas metas con la perfección, con ser feliz, y cuando llegué... no había nada. Es como en las novelas o las películas, cuando dicen que al llegar a la cima allí estará el tesoro y ya no tendrás que esforzarte más y serás feliz... Fue exactamente así pero sin tesoro en la cima. Bueno sí, conseguí ganar a la báscula y a los exámenes; ahora, ¿a qué precio? Perdí amigos, salidas, experiencias de adolescente, pasé muchas horas encerrada sola en mi habitación, en el gimnasio... Y nada cambió. Mi madre lloraba en la cama, mi padre leía libros sobre cómo ayudarme, los vecinos me ofrecían comer en sus casas... Pero nadie vino a hablar conmigo, a ver qué necesitaba, qué ocurría, cuándo pensaba poner fin a esa carrera sin fondo, dejar de perseguir la cima cuando la vida era más sencilla y confortable en el valle. Y yo tampoco lo hablaba con nadie, para mí lo que hacía era normal... Claro que nadie sabía realmente lo que sucedía, solo lo sospechaban al verme tan delgada. Imagino que porque la verdad era más dolorosa que la sospecha. Imagino que el no hablar del tema era hacer como que no existía. Yo por mi parte era como si no llegase a ser consciente de lo que pasaba porque ser bulímica lo relacionaba con devolver todo, todos los días y ser un esqueleto andante. Y yo, esqueleto, esqueleto... tampoco me veía.

Hubo otro punto de inflexión... A los dieciocho años, y tras años devolviendo a escondidas, un día mi padre vino a casa en la hora de la comida, algo raro; él comía siempre fuera de casa. Pero ese día su objetivo no era venir a comer a casa; creo que se quedó sin comer por hablar conmigo. Ese día me había pillado devolviendo el desayuno. No sé por qué no me lo dijo en el momento, sino que esperó a la hora de la comida. Me amenazó, me dijo que si seguía devolviendo iría a un centro de día con chicas que hacían lo mismo que yo, devolver. Después de cinco años fue la primera vez que me planteé dejar de vomitar. Fue la primera vez que me planteé hacer algo diferente. Fue un jarro de agua fría que te despierta de esa ensoñación y te trae el presente. Y desde ahí miré en perspectiva dónde estaba, a dónde había llegado, y dije, ¿para qué? Puedo seguir sacando buenas notas; el cuerpo perfecto es relativo y yo me veo igual aunque la báscula indique otro peso. ¿Qué estoy haciendo?

A partir de ahí hice un trato conmigo misma: solo devolvería cosas con mucha grasa y con mucho dulce, y si hacía más de dos horas de deporte al día, esa comida se quedaría en mi interior. No te voy a engañar, no fue fácil. Hubo días que rompí ese trato conmigo misma. Lo que sí te puedo decir es que seguí con esa idea en la cabeza, aunque sabía que el objetivo final era comer sano y no vomitar. Pero como primer tramo del trayecto me parecía motivador. Seguí comiendo mucho dulce, sentía que me envenenaba. Y cuando digo mucho es mucho: un paquete de galletas al día, tres palmeras grandes de chocolate, cualquier cosa con chocolate… Era como si nunca fuera suficiente, como si no hubiera suficiente dulce para llenar el vacío, la soledad, el malestar que sentía. Es como si el dulce me anestesiara por un rato. Y por unos momentos tenía muy claro lo que hacer: vomitar.

Y seguí así, con esas «rutinas» que poco a poco me fueron aislando. Supe que tenía depresión cuando, aproximadamente a los veinte años, ya no me apetecía relacionarme con nadie. Me sentía un bicho raro, como si no fuera de este planeta y no encajase en este mundo. Me di cuenta de que tenía un problema cuando me apetecía más estar sola en mi habitación que en el cumpleaños de mis amigas. ¿Cuándo perdí la felicidad, las ganas de vivir? Yo creo que a los dos años de que este proceso empezara; no sabría señalar un evento o un momento concreto. Porque me fui metiendo poco a poco en el pastel «ausencia de perfección» y me di cuenta tarde de que estaba metida. De hecho, hasta que no salí de allí no empecé a darme cuenta de que había estado allí. Puede parecer broma o sonar a chiste, pero fue así. Me costó mucho reconocer la bulimia y la anorexia. Y aún a día de hoy, más de diez años después, me cuesta reconocer la depresión. No uso esa palabra en mi vocabulario. Supongo que esa palabra me hubiese acercado a los médicos y/o psicólogos, un territorio del que huía.

Claro que en esos años me irritaba todo para saltar con furia o encogerme como un caracol. Estaba en extremos: o muy eufórica, imagino que de comer tanto dulce, o muy de bajón, triste. Más que llorar me recuerdo cabizbaja, pensativa. Pensando que en algún momento todo eso pasaría por arte de magia, que era una época pasajera. Pero claro, desde ese estado de tristeza incluso un arcoíris me parecía gris. Sí, en ocasiones recuerdo ver a gente reírse y pensar «¿qué les hará estar así?». Como si me molestara verles así. Como si yo no tuviera permiso para disfrutar o pasármelo bien. Como si toda mi vida fuera «la búsqueda de la perfección» y lo demás no importara, no tuviera sentido. Recuerdo estar ausente; no me importaba nada, ni nadie. Bastante tenía yo con lo mío. Aunque quisiera ayudar, no tenía fuerzas suficientes para concentrarme en las conversaciones o darme cuenta de las necesidades que tenía el de enfrente. Era como si la voz de mi cabeza sonara más fuerte que las voces del exterior.

Viví la depresión como si fuera un bache. Un bache que duró unos cinco años. Y cuando por fin parecía estar un poco estable, mi padre enfermó de cáncer... y falleció. Eso sí dolió, eso sí fue un golpe. En ese caso sí identifico más señales corporales como apretar las mandíbulas, pasarme el día diciendo que no con la cabeza, la respiración entrecortada, agotamiento, desgana, no ver motivos para salir de la cama, darme igual conducir a cierta velocidad o sin control.

Aquella fue una época difícil. Cuando parecía que había pasado lo peor llegó ese golpe, que fue incluso más duro que todo lo que había vivido anteriormente. Antes de aquella terrible noticia sentía que veía la luz de la salida del pozo y esa muerte me volvió a llevar a la mitad del camino. Si la vida me daba igual hasta ese momento, con la pérdida de mi padre me daba aún más igual. Es como si en ese momento la vida careciera de valor. Qué triste; mientras unos luchan por vivir (mi padre con su enfermedad sin ir más lejos), yo jugaba con mi vida sin apreciarla. No llegué a pensar en el suicidio, pero tampoco me sorprendía que la gente lo hiciera. ¿Cómo no pensarlo con lo duro que parecía todo? Yo tenía veintidós años; fue un golpe durísimo… aunque seguí luchando.

¿Qué es lo peor de aquella época? Que durante todos esos años con depresión creí que eso era vivir, que era lo normal. Que todo el mundo se sentía como yo… Pero nada más lejos de la realidad. Sí, a mi alrededor había gente que se emocionaba un montón y gente mucho más seria, pero eran momentos y estados de ánimo, como les ocurre a la mayoría. Yo en aquel entonces creía ser una persona emocionalmente estable, y lo que estaba era «dormida»; vivía la vida de forma comparable al estado de «duermevela», cuando estás a punto de dormirte. Pero poco a poco empecé a despertar. Por ejemplo, al empezar a salir con mi primera pareja descubrí que discutíamos una vez al mes y… ¡qué casualidad! Coincidía con la regla. Así me di cuenta de que también tenía cambios de humor, que me irritaban cosas de la gente de mi alrededor. Cambios emocionales absolutamente normales y que no había nada malo en ello.

Volviendo atrás, si pudiera nombrar una primera razón por la que poco a poco salí de la depresión fue gracias a aquel día en el que mi padre encontró las huellas «del delito»... y me escuchó devolviendo. Recuerdo como si fuera ayer sus palabras, firmes, tajantes «como sigas devolviendo te encierro en un centro». Más que una amenaza, sonó a causa-efecto. Si haces esto el resultado es encerrarte.

A día de hoy me doy cuenta de que mi padre me tocó en mi valor principal: «la libertad». Y fue por ahí por donde poco a poco comencé a salir de la enfermedad. Nada merece perder mi libertad, el ir donde yo quiera, cuando yo quiera, con quien yo quiera y comer lo que me apetezca, más o menos saludable, en mayor o menor cantidad. Las palabras de mi padre cambiaron algo mi chip. Sentí que no podía seguir así, que tenía que hacer algo diferente. Además, mis padres me propusieron pedir ayuda. Ir al hospital a que me vieran un endocrino, un psiquiatra y un psicólogo. Y acepté. Pero no fue bien. Fue casi más deprimente ir... La endocrina me dijo que me ayudaría a no pesar más de 60 kilos. Llegué a los 65 kilos y no hizo nada. Ni dieta, ni consejos, ni pastillas... nada. En cuanto a los psicólogos, los recuerdo sentados con bata blanca, serios, muy lejos de mí y callados. Recuerdo llorar y limpiarme los mocos en la manga. Creo que no llegamos a conectar. En cuanto al psiquiatra, me hizo hacer un dibujo y rellenar unas preguntas, con mi madre delante por cierto. ¿Todavía no sabían que era una de las personas de las que me escondía? Sobre aquel dibujo recuerdo hacer la típica casa y a los componentes de la familia, como en las películas. Para mí fue una «tomadura de pelo». Me prohibió comer dulce y yo pensé: «una cosa es que sea lo que más me gusta, y otra que el resto de las cosas no las coma en igual cantidad y las vomite igualmente».

Con ese panorama pensé, «o sales tú sola o nadie te va a ayudar». De hecho, hoy en día agradezco a ese equipo de profesionales su modo de actuar porque de alguna forma me obligaron a llevar la mirada hacia mi interior y buscar mis propias estrategias para salir de ese agujero negro. Así me di cuenta de que yo tenía las respuestas. Me di cuenta de que si había llegado a esa situación sola sabía el camino de vuelta. Claro que para la vuelta estaba más cansada y menos motivada, pero sabía cómo había llegado hasta allí. Me costó salir, no fue nada fácil... Recuerdo motivarme a mí misma con la misma idea cada día, fijarme el objetivo de dejar de devolver independientemente del peso que alcanzara. Me dejé de pesar y empecé a comer lo que quería y en la cantidad que quería. Y así poco a poco, día tras día, fui dejando los vómitos atrás. También me comprometí conmigo misma a reducir las horas de deporte; si iba por la mañana al gimnasio, no iba por la tarde. Si comía un paquete de galletas un día, no podía comprar otro al día siguiente. No cumplí todos los días esos compromisos conmigo misma, pero sí siguieron en mi mente, como una brújula indicándome la dirección. Que me parase puntualmente no significaba que no fuera a llegar. La buena noticia es que el camino de vuelta lo hice en menos de los cinco años que me había costado hacerlo de ida, que fue lo que duró mi depresión. En ese camino me ayudó un curso para entender cómo funciona la mente y enfocarme en el deporte como vía de escape de esa tristeza y soledad. El deporte me enseñó a interaccionar con la gente sin tener que «conectar», me aportó equilibrio para salir de mi cueva sin llegarme a «fusionar» con el otro. También a ir superándome a mí misma, ver que cada día tenía más resistencia, más coordinación, que aprendía más rápido que algunos de mis compañeros. Me ayudó a plantearme que lo mismo no era tan torpe como yo pensaba. Y, sobre todo, me ayudó a ir pactando pequeños logros conmigo misma y encontrar una ilusión: bailar. La música me permitió reducir el volumen de mi voz interior; incluso en algunos momentos solo existía el momento presente, ese baile con esa música. Y bailar con fuerza me permitía transformar mi rabia en vida, en fuerza, en descanso. Encontré así una «zona segura», un grupo de personas con las que compartir una afición sin exigencias, sin tener que estar delgada o gorda, sin tener que hacerlo mejor o peor.

La principal señal que identifiqué para saber que estaba ya de vuelta es que empecé a contarme «por trocitos» lo que había vivido internamente. Luego empecé a contar en algún grupo que había vomitado la comida; incluso me atreví a pronunciar la palabra «bulimia». El día en que lo reconocí, que lo dije en alto, sentí que algo se había colocado en mi interior. Que esa etapa estaba llegando a su fin, que se estaba quedando en una anécdota y se estaba desligando del sufrimiento, el dolor, de esconderse, de la vergüenza. Me he dado cuenta de que tanto la bulimia como el duelo de mi padre estaban conectados y hoy por hoy, cuando hablo de ello, ya no me tiembla ni se me entrecorta la voz. Incluso cuando veo alguna película, anuncio... donde alguien ha pasado por alguno de esos acontecimientos, puedo mantener mi atención en ello sin que broten de mis ojos lágrimas o sin generarme el malestar que viví. Al contrario; siento empuje y fuerza para poder aportar con mi historia a otras personas. También sé que he salido de la bulimia porque la idea de devolver la comida ya no aparece por mi mente. Porque cuando compro ropa me da igual la talla, solo miro que me quede como me gusta. Porque puedo ir a comer fuera y elijo libremente sin pensar en grasas, azúcares, hinchazón, peso, etc. Sé que es un tema sanado porque puedo hablar de él.

En la actualidad, a mis treinta y dos años, soy una persona feliz, muy emprendedora, disfruto mucho de cada momento, siento que «soy dueña de mi vida», tengo mucha ilusión por vivir, estoy descubriendo y aprendiendo muchas cosas, estoy muy cómoda. Hoy día me alegro tanto de la ida como de la vuelta, de la carrera de fondo, del pozo… Aprendí mucho sobre mí misma. No puedo decir que esté encantada de haber vivido algunos episodios de mi pasado, pero tampoco me arrepiento. Salir de ahí me ha dado mucha seguridad en mí misma. A día de hoy ayudo a otras personas a raíz de lo que yo viví. Estudié la carrera de nutrición y seguí estudios de cómo funciona la mente. Y todo eso me ha dado muchas pistas sobre lo que viví.

Ya no busco el dulzor en el dulce, ni la aprobación de los hombres u otras personas para verificar mi valor. Ya no temo contarles a mis amigas cómo me siento; soy capaz de comunicarles si necesito su ayuda o que me escuchen o me apoyen en algo. Ya no pretendo que «me lean la mente» sobre cómo me siento, ni pretendo que sean como yo creo que deben ser conmigo. Ya sé que merezco respeto, amor y disfrutar de la vida… independientemente de que otros aprueben o no mi manera de ver y estar en el mundo. Ya no necesito ser perfecta. Simplemente trato de ser mejor que ayer, y de hacerlo cada día mejor. ¿Cómo? Practicando. He aprendido a dar las gracias y a pedir perdón. Y esas dos palabras me generan mucha paz interior. Dar las gracias por lo vivido, por los aprendizajes. Y perdón por el sufrimiento que causé a los que estaban a mi alrededor.

Unos años más tarde es cuando siento que por fin voy pisando tierra firme. Siento que se van colocando las cosas a mi alrededor, o que por fin estoy capacitada para percibir que están colocadas. Ahora la comida es una cosa más del día a día y la báscula otro «mueble» más del baño. Puedo comer lo que me apetece, cuando me apetece, y aprecio más mi cuerpo. Lo cuido como el vehículo que me ayuda a sostenerme cada día, mi compañero de viaje. Cada día lo aprecio más y reconozco su perfección, reconozco que todo lo que tiene es útil. Y cuantos más casos de enfermedad escucho en consulta, más entiendo la frase de «uno no aprecia lo que tiene hasta que lo pierde». Por poner un ejemplo sencillo, el olfato. Me encanta oler, y hasta que no se me tapona la nariz y siento congestión... no digo, «qué afortunada soy, todo lo que me aporta la nariz y yo sin apreciarlo por considerarlo normal, por considerar que es su obligación oler correctamente y mantenerse despejada». Disfruto mucho más cada momento, cada cosa que hago porque sé que todos ellos son únicos y ningún minuto vuelve una vez pasado. Cada día descubro más capacidades del ser humano y lo lejos que una persona puede llegar cuando confía en sí misma. Y los días que siento que la fuerza decae, me esfuerzo en volver a conseguirla. Por ejemplo miro vídeos de YouTube de gente que disfruta haciendo lo que hace: cantantes, monólogos, *castings*... Y vuelvo a recordar que llegar a donde uno quiere es posible, y me permito contagiarme de la energía que desprenden los demás.

Hoy día me definiría como una persona alegre, positiva, con fuerza, energía y dirección. Con una relación sana con la comida, con mi cuerpo y con los demás. Ya no me asustan los cumpleaños, comer fuera de casa, estar sola en casa, los atracones, el dulce... Ya no me asustan esos escenarios que antes eran un torbellino emocional para mí. Durante un tiempo temí que se volvieran a reproducir. Me preocupaba que «la curación» fuera un ciclo, y que lo normal para mí fuera el estar en el pozo. Tras llevar más de diez años sin vomitar siento confianza en que eso quedó atrás. Que esos monstruos del pasado ya no tienen espacio en mi futuro ni en mi presente. Ahora, por muchos pozos que puedan aparecer, sé identificarlos antes de caer, y, si cayese, tengo muchas herramientas para salir con mucho menos esfuerzo y más rápido. Me siento fuerte. Yo creí que lo mío no tenía cura, que sería para toda la vida, que tendría altibajos, que quedarían secuelas.

Hoy me doy cuenta de que hay cicatrices que desaparecen y otras, aunque las vea, ni recuerdo de dónde vienen.

Cada día siento que voy conectando más con las personas de mi alrededor y que he dejado de vivir en alerta. Que los momentos de cambios de humor son los menos, que prefiero vivir algo de dolor a estar ausente y también a perderme las alegrías. Tengo ilusión por construir mi futuro, que en mi futuro estén las personas a las que quiero, y que se unan otras más. Porque ahora sé que la gente, los ambientes... no son tóxicos «porque sí» como las setas venenosas, sino que son perjudiciales para mí o no en función de cómo las trate y de cómo esté yo. Cuanta más fuerza y más equilibrio interior siento, menos me contagio de esa toxicidad y más sencillo me resulta salir de ella. Ahora sé que en la vida unas cosas cuestan poco y otras las aprendes en un poco más de tiempo. Que ante la misma vivencia unas personas salen en unos segundos y otras tardan más. Entender que cada persona tiene sus ritmos me ayuda a mantener mi paz interior. ¿Esto quiere decir que todos los días estoy alegre y positiva? No. Quiere decir que cada vez entro menos en estados de tristeza y que cuando entro estoy menos tiempo en ellos, me es más sencillo salir. Porque cuando superas tu primera carrera de fondo, subes tu primera cima, sales del primer pozo... es más fácil salir en los siguientes. Y a veces, ver que otros han salido es suficiente para tener fuerza y salir tú mismo.

Te animo a buscar y encontrar vías, salidas, soluciones. A creer que hay mil formas posibles de hacer todo. Y miles de personas que estarían encantadas de tenderte una mano, incluso los dos brazos.

«EL CAMBIO ESTÁ EN UNO MISMO»

La historia de Elisa

Me llamo Elisa, tengo 36 años y nací en Argentina. He pasado los últimos diez años en Madrid desde que me casé. Me considero una persona introvertida, empática, amable, familiar y algo tímida. Tengo cuatro hermanas; soy la más pequeña de todas por cinco minutos, ya que una de ellas es mi melliza. Debido a que tengo una hermana melliza crecí compartiendo todo el tiempo y por eso busco habitualmente el apoyo de la otra persona para tomar decisiones o llegar a un acuerdo. Mis hermanas sacaron más bien el carácter de mi padre, mientras que yo soy la única que sacó el carácter de mi madre. Mi madre es una mujer amorosa, que nunca quiso tener conflictos con nadie, muy dedicada a sus hijas y a su marido, como la gran mayoría de las mujeres de aquella época. Siempre ha sido ama de casa, lo que implicaba tener independencia económica nula e inculcaba a sus hijas a ser buenas amas de casa, es decir, a saber limpiar, recoger, planchar, cocinar... en definitiva, a tratar bien a su marido, porque, en su realidad no cabía otra opción distinta. Por otro lado, mi padre era un hombre muy trabajador, exigente, temperamental y machista. Había que seguir sus órdenes porque de otra manera se enfadaba, y se enfadaba mucho... Y si además estaba borracho (algo muy frecuente los fines de semana); entonces su enfado se volvía maltrato hacia sus hijas y su esposa.

El origen de mi depresión fue el maltrato por parte de mi ex pareja. Fue una situación que duró unos doce años y que yo no podía (¿o no quería?) ver debido a que es algo muy sutil que cuesta distinguir, ya que tu autoestima es literalmente minada a través de pensamientos muy destructivos que el maltratador va introduciendo en tu mente lentamente de forma muy astuta para que tú te vuelvas cada vez más dependiente de él. Muchas personas caen en la creencia de que el maltrato es algo muy intenso, agresivo y espontáneo, como se muestra en las películas, pero nada más lejos de la realidad. Según mi experiencia, el maltrato es algo que se va alimentando poco a poco; es como si te introdujeran un virus en tu cabeza sin que tú lo notes. Comienza con pequeños e imperceptibles controles y abusos de poder.

Y aunque sí que pude detectar algo raro al comienzo de nuestra relación, con el tiempo me fui durmiendo. No podía ver, estaba ciega, no podía detectar lo que mi pareja me hacía, el daño psicológico. Las relaciones sexuales eran muy enfermas, pero la manipulación es tal que no eres capaz de ver que lo tuyo no es normal.

Quizá si las personas habláramos más sobre sexo, sobre qué es una relación sexual sana, sobre lo peligrosos que son los vídeos en Internet dirigidos específicamente a hombres donde se muestra a las mujeres como objetos y se las denigra explícitamente… sería mejor para todos. ¿Por qué no dejamos claro que eso que se muestra no es una relación sexual sana? Eso a mí seguramente me habría ayudado, y mucho, y mi autoestima no se habría dañado hasta el punto de no poder mantener sexo con un hombre durante los dos años siguientes al divorcio.

Esta relación de dominación o sumisión generó consecuencias negativas en mi salud mental. Leyendo sobre el tema descubrí que hasta tiene un nombre: «depresión de género».

Las causas de la depresión de género no son biológicas, genéticas ni hereditarias. Se asemeja a una depresión producida después de cualquier situación difícil que se produce en la vida de las personas: una muerte, una enfermedad, un accidente, la pérdida de un trabajo, alguna adicción, etc. Se produce (mayoritariamente) en las mujeres (aunque también la pueden sufrir hombres), y sus causas son específicas como consecuencia de la subordinación y la violencia aplicada por parte de la persona maltratadora, por ejemplo en el ámbito de la pareja.

Con el paso de los años me di cuenta de que mis emociones se fueron agudizando (la tristeza, la culpa, los miedos y los sentimientos de soledad), lo que precisamente caracteriza a las depresiones, y que afectaban a mi rutina y mis actividades diarias. Fue entonces cuando pude deducir que estaba sufriendo depresión.

Con 33 años, un año después de la separación, y a la que se sumó la muerte de mi padre, empecé a experimentar sentimientos muy intensos de depresión y no entendía muy bien a qué se debían. Solo sabía que aquello era algo que no me había pasado nunca y que era tan inmensamente doloroso que no sabía si sería capaz de soportarlo mucho tiempo (de hecho, en el fondo sabía que no). Pues bien, mi depresión se hizo visible unos días en los que no tenía que trabajar porque la empresa me cambiaba de proyecto. Comencé a sentir mucho dolor en el pecho y no encontraba explicación alguna. Mi conclusión fue que este dolor debía estar causado por mi soledad. ¡Claro! Tener a la familia en otro país, no tener pareja ni hijos, no ver casi a mis amigos, no ver a los compañeros del trabajo... «Claro, estoy sola, ¿cómo no voy a deprimirme? ¿Y en algún momento dejaré de estar sola? Pues probablemente no; es tan difícil encontrar a alguien a quien poder amar y que al mismo tiempo te ame... Y si voy a estar sola el resto de mi vida, si cualquier esfuerzo que haga va a ser en vano, ¿realmente vale la pena seguir viviendo? ¿Qué sentido tiene vivir? Si la vida solo trae sufrimiento... El mundo es tan peligroso, tan amenazante... No aguanto más este dolor, no puedo seguir así; si termino con mi vida ya no tendré que sentir este dolor, todo habrá acabado».

Al día siguiente por la mañana, al despertar mi mente había dejado de dar vueltas y comenzó a recordarme que nunca antes había tenido pensamientos tan negativos. «¡Hey! Estos pensamientos no eres tú; tú eres mucho más que eso... solo necesitas creer en ti misma».

Fue en ese instante cuando me di cuenta de que había algo que no estaba viendo, o no quería ver, algo externo e importante que había desencadenado mi depresión que se había originado muchos años antes.

Fui detectando cada patrón mental que había desarrollado desde la niñez, no solo por la relación con mi padre, sino por un modelo que siento que nos impone la sociedad y que a las mujeres nos pide sacrificio, dependencia y pasividad, dejando a un lado un objetivo básico de toda vida, que es la autonomía personal. En definitiva, aprendemos a sufrir y no desarrollamos nuestras capacidades para el disfrute. Este modelo limita y empobrece todo desarrollo intelectual y corporal y nos impide decidir, disentir, ser dueñas de nuestro cuerpo y de nuestra sexualidad. Interiorizamos múltiples miedos por todo lo que ocurre en un mundo que a menudo sentimos ajeno, desconocido y amenazador.

Por fin había tomado la decisión de poner fin a mi relación, por fin pude ver con claridad que aquello no era amor, que me estaba destruyendo intensamente por dentro. Por fin había logrado tener una mirada hacia mí compasiva, por fin estaba decidida a luchar por mí, a empezar a valorarme y recuperar mi autoestima. En definitiva, a empezar una nueva vida, a volver a nacer.

Creo que el haberme dado cuenta de que mi situación podía cambiar si así lo quería fue el paso más importante que tomé para dejar atrás mi depresión. Sí, sin lugar a dudas, aquel momento en el que me di cuenta de que yo era dueña de mi destino, que yo era quien decidía, fue la clave del gran cambio.

La meditación fue para mí el principio del camino a seguir para salir de la depresión, o al menos para comenzar a hacerme consciente de que este estado podía aliviarse momentáneamente. Así fue mi primer paso, que en definitiva era similar a una terapia psicológica que no requería de un profesional y podía practicar de manera individual. Consistía básicamente en meditar quince minutos cada mañana, nada más despertarme, y quince minutos por la noche, justo antes de irme a dormir. En mi caso estas meditaciones eran guiadas a través de los ejercicios de un libro (*Un curso de milagros*). Desde el primer día pude sentir un cambio: lo primero que notas es que la depresión no es real; solo es algo que está en tu mente, y que solo va a mantenerse en el tiempo si no haces nada al respecto. Seguidamente se puede sentir en el cuerpo una sensación de alivio muy grande. Y a los tres meses de repetir estos ejercicios se puede apreciar que la mente está más limpia de toda la negatividad que produce la depresión.

Seguidamente, además de meditar a diario, tomé la decisión de acudir a un terapeuta, ya que tuve la necesidad de profundizar más en mí a nivel psicológico; necesitaba aclarar cuáles eran exactamente las causas que habían causado mi depresión, por qué había llegado a tocar fondo como nunca antes. Tenía una idea de lo que podía estar ocurriéndome pero necesitaba que un profesional me lo confirmara y me guiara en mi proceso de sanación con herramientas y conocimiento.

De todas formas, es normal sufrir altibajos porque no es fácil cambiar la parte inconsciente de nuestra mente; requiere mucho trabajo y tiempo. A mí me resulta útil compararlo con un virus, ya que aunque hayas sufrido una gripe muy fuerte esta puede volver a afectarte más adelante; de hecho es muy probable que vuelvas a tener gripe.

En la actualidad hago terapia con una psicóloga y después de un año de intensas sesiones voy notando que mis comportamientos sumisos van desapareciendo lentamente. La terapia me ha ayudado también a detectar dónde se formó aquel patrón, por qué y con quién se dispara. Es fundamental trabajar sobre el carácter para fortalecerlo y mejorar la autoestima. Y más que nada para que la situación no se vuelva a repetir, o en el caso de repetirse, poder detectarla mucho más rápido. El estado de depresión, aunque en algunas situaciones vuelve, se produce por períodos más cortos cuando la autoestima se refuerza. Así que desde mi experiencia recomiendo la terapia individual a manos de un buen profesional.

Por supuesto, hago todo lo que contribuya al crecimiento personal, como actividades físicas o intelectuales que beneficien la integridad de la persona; también ha sido muy positivo para mí leer libros de autoayuda, practicar yoga, etc. Sin dejar de mencionar que las relaciones con la familia y los amigos también son súper enriquecedoras y esenciales para superar una depresión de este tipo.

Hoy en día me siento feliz por ser una persona que lleva las riendas de su vida. Ahora soy independiente y asumo mis responsabilidades. Y algo muy reconfortante de todo esto y que me realimenta y fortalece es el hecho de ser yo misma quien trabaja cada día para cambiar esa situación. Finalmente puedo ver que soy yo quien dirijo mi vida y quien ha conseguido por mérito propio un trabajo donde se me reconoce y una pareja que me respeta y me ama de verdad. El cambio está en uno mismo, y eso es lo más maravilloso que he podido descubrir en estos últimos años.

«MI FELICIDAD CONTRIBUYE A LA FELICIDAD DE LOS DEMÁS»

La historia de Marcos

No podría decir cuáles fueron las causas de mi depresión. Sí recuerdo la primera vez que fui consciente de que era muy infeliz, que tendía a la melancolía y que no me gustaba mi entorno.

Fue entre los once y los doce años. Acababa de instalarme en Madrid porque mis padres decidieron que nos íbamos a vivir allí. Supongo que pensarían que en los años setenta sus seis hijos tendrían más oportunidades de conseguir un futuro en la capital que en el sur de Andalucía.

Nos instalamos en el centro de Madrid. Allí descubrí muchas fachadas feas, grises, en un Madrid insolidario, solitario y en el que los niños no salían a jugar como en mi ciudad natal. Era el «Madrid de los Austrias» abandonado por la juventud y a finales del franquismo. Solo había personas mayores y polvo en las fachadas.

Y descubrí el frío, la soledad, una familia partida en dos mitades entre Andalucía y Madrid. A mí me tocó estar junto a una hermana y mi padre en un sitio inhóspito y poner en marcha los nuevos negocios. Ese año no me pudieron escolarizar y las horas eran interminables.

En mis ratos libres daba vueltas por el centro, paseaba y buscaba algo con lo que entretenerme. No había niños en las calles. Mis hermanos estaban lejos; además, vivíamos junto al «Viaducto», el lugar preferido de los suicidas en Madrid en aquella época. No había una semana en la que no hubiera uno o dos suicidas que se tiraran desde lo alto del puente.

Uno de mis lugares preferidos era la Catedral de la Almudena, fría, en plena obra y tan grande que te hacía sentirte aún más minúsculo.

Y yo me dedicaba a mirar las tumbas y las lápidas de los que allí estaban enterrados. Eso me hacía sentirme menos solo. No sé por qué. Tal vez porque me sentía igual que ellos. Muerto por dentro. Vacío. Triste. Solo. El cielo se había vuelto gris y mi corazón, igual que el mar, reflejaba el color del cielo.

Pero nunca dije nada. Siempre callé mi depresión y lloraba sin comentarlo con nadie. Nadie sabía que me sentía muerto por dentro con tan solo doce años.

Supongo que mi primera depresión y las posteriores fueron siempre por causas exógenas. De hecho, en varias etapas de mi vida he vuelto a sentir una tristeza que me ha durado muchos meses. Pero en las etapas siguientes fue por un exceso de melancolía y un carácter muy romántico que no se aceptaba a sí mismo.

Las últimas veces que he tenido épocas depresivas han sido provocadas por la extenuación. He trabajado tanto, he luchado tanto por proyectos imposibles que al final he tenido que asumir mis fracasos mientras el mundo se desmoronaba a mi alrededor. He tenido que pasar por meses y meses de aprendizaje interno ayudado por ansiolíticos y un exceso de tabaco y alcohol.

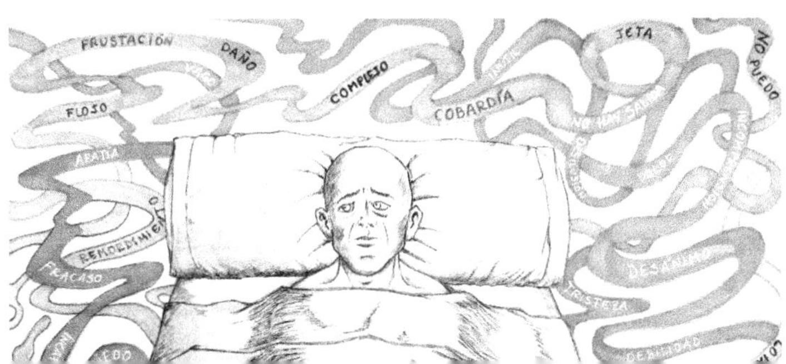

He luchado solo. Sin ayuda. Por eso no me extraña que tantos hombres se suiciden. Esta idea me ha surgido durante meses y meses en cada despertar, en el momento en que tomaba aliento durante el día. Mi única solución era suicidarme. Tal vez no me daba cuenta de que lo que no hacía era buscar ayuda ni cambiar mi situación para huir de lo que me atenazaba y me hacía mal.

Aunque ya desde niño he tenido que afrontar diferentes circunstancias, hubo una etapa «infernal» de mi vida en la que se sucedieron una serie de tragedias. Con 46 años perdí a mi hijo. Con 48 perdí a mi mujer. Con 49 perdí el trabajo que tenía desde hacía tiempo. Y durante aquellos años también fui perdiendo todas mis propiedades. Ante esa situación terrible me encerré en pleno campo en una finca de mi familia. Allí estuve meses. Primero solo y luego ayudado por un familiar. Me dediqué a trabajar en el campo. Corté ramas, podé, pinté, puse vallas e incluso me rompí los ligamentos cruzados de una rodilla para acrecentar mi mala suerte.

Pero el trabajo me hacía sentirme bien. Con pequeños pasos convertí aquella selva en algo habitable y bonito. Cada paso que daba, cada árbol que dejaba limpio, cada cuadro que colgaba me hacían sentirme bien. Ya no era tan inútil ni tan débil como me creía con la depresión. Incluso la memoria, la percepción, la concentración perdidas parecía que habían mejorado.

Había perdido tanto el sentido de la realidad y de mi percepción exterior que un día en que me encontraba en el restaurante de un familiar me encontré con un sobrino mío y con su novia. Le pregunté por su padre. Me respondió: «Tito, mi padre ha muerto hace cinco años» (mi propio hermano) y no supe hasta ese momento que me había confundido de hermano y de sobrino. Ahí me di cuenta de hasta dónde había perdido muchos sentidos de la percepción y cómo esta enfermedad me estaba comiendo por dentro.

Algunos amigos me venían a visitar. Eso me ayudaba mucho. Sobre todo me hacía ver que no me habían abandonado todos. Que todavía quedaba alguien que me apreciaba.

Un día pensé: «Estoy en una carretera rural. Mi vida va por un carril sin arcenes, estrecho y peligroso. En cualquier momento puedo caer directamente a una acequia o a un campo vallado con cactus o con pinchos. Tengo que buscar la manera de ir dando pasos cortos, como si fuera la rehabilitación de un tobillo, pero debo hacer algo para volver algún día a circular por una carretera nacional. Y más adelante volveré a una autovía».

Y eso fue lo que hice. Me metí en una asociación profesional en la que ya había estado años antes para volver a tener contacto con personas que estaban trabajando y a las que les gustaba el mismo sector que a mí.

Al cabo de unos meses me hicieron miembro de la directiva. Ya tenía algún logro y no solo penas y fracasos que contar.

Después me nombraron presidente. Eso me hacía sentirme inseguro, pero tenía algo por lo que luchar. Me volqué en ese nuevo desempeño. Todo lo que me hacía pensar en ese proyecto me lo quitaba de pensamientos suicidas o negativos.

Y más tarde decidí volver a trabajar aunque seguía mal; no estaba bien del todo. Mi dolor se alivió años después, aunque no se borró. Pero ya era algo. Estaba empezando a tener algo por lo que luchar. Iba con miedo, con recelo y con mucha precaución. Al haberlo perdido todo era como nacer de nuevo, pero venía de una experiencia en la que me había estrellado y me sentía débil e indeciso. Seguía teniendo los ligamentos mal y el corazón roto, pero los pequeños pasos intentaba disfrutarlos uno a uno. Un árbol podado, un seto plantado, un cuadro colgado, un mueble restaurado; cada paso lo celebraba como si fuera un logro espectacular. Cada cosa hecha era como haber montado una empresa de éxito. Eso sí, procuraba no meterme en camisas de once varas. Mis pasos hoy siguen siendo cortos, controlados, sin perder el horizonte y procurando quedarme con «hambre de éxito» antes que saturarme de responsabilidades.

Fui al psiquiatra durante ese tiempo, pero me llevé una decepción de tal calibre que decidí dejarme ayudar por mi médico de cabecera. Ella me mostraba comprensión y me ayudaba. La psiquiatra tenía tantos sentimientos y empatía como la cabeza de un ciervo colgada en una pared. Luego he tenido la oportunidad de conocer a psiquiatras que me han devuelto la confianza en ellos, pero a mí «me tocó la china».

En la actualidad me siento cauto ante cualquier cambio o circunstancia. He pasado por demasiadas malas etapas. No en vano he sido yo el que ha provocado en casi todas ellas el haberme sentido mal por saturación o por querer abarcar tanto que he descuidado lo más importante: a mí mismo. Me he ocupado de todos y de todo menos de mi vida; es por eso que quiero mirar al futuro desde otra perspectiva, más respetuosa conmigo mismo. He desaprovechado mucho el tiempo, por lo que ahora procuro tratarme como a un niño o como a un anciano, con cuidado, con cariño, sin maltratarme a base de trabajar y trabajar, teniendo tiempo para mis sentimientos, para mi ocio, para pensar en mí y en lo que me apetece.

Sé que aunque he aprendido sigo siendo el mismo que puede volver a caer en la enfermedad, que a veces te viene no se sabe bien por qué y que en otras ocasiones es provocada por tus propias actitudes o manera de ser. Y en ello estoy. Aprendiendo cada día cómo cuidarme y sabiendo que mi felicidad contribuye a la felicidad de los demás. Me siento muy orgulloso de adónde he llegado, viniendo de donde venía. Sin duda ha merecido la pena el esfuerzo.

«DE LA DEPRESIÓN SE SALE»

La historia de Paloma

¡Hola! Soy Paloma, la quinta de los siete hijos que tuvieron mis padres. Mi niñez la recuerdo muy feliz gracias a una madre maravillosa. La verdad es que siempre he sido muy sociable y alegre, herencia de una madre positiva, y así somos todos los hermanos.

Cuando tenía 37 años me casé con un hombre estupendo del que al poco tiempo me quedé embarazada. Tuvimos un hijo precioso al que muy pronto le diagnosticaron retraso psicomotor. Nuestra vida cambió totalmente y nos dedicamos a cuidarlo en cuerpo y alma. Mi hijo iba evolucionando positivamente gracias a la rehabilitación, natación, música… Lo llevábamos a todo lo que pudiera servirle de ayuda.

Al año del nacimiento de mi hijo murió uno de mis hermanos de forma trágica en un accidente de avión. Fue una etapa muy dura en la que caí en depresión. Mientras tanto mi hijo iba creciendo: empezó el cole, mejoró en algunas cosas aunque también le diagnosticaron déficit de atención. Nuestra lucha era diaria con los profesores pidiéndoles nuevas estrategias para trabajar con él.

El tiempo pasó. Mi hijo se fue haciendo poco a poco más independiente y nuestra vida fue cambiando a mejor. Hice un máster de escaparatismo, trabajé para Cáritas, di clases a adultos de la tercera edad y fui feliz con todo ello. Empecé a organizar eventos y descubrí que me fascinaba hacer collares y pulseras y que los vendía muy bien. Organicé mercadillos en la calle y en centros... Hacía cosas que me encantaban y mi vida estaba plena. Poco a poco, ¡todo me volvía a sonreír!

Tras aquellos buenos años de recuperación, mi vida empezó a cambiar de nuevo. Teníamos una lucha constante en el cole porque siempre era lo mismo... «su hijo suspende, se le olvida la agenda, no atiende»... Día tras día escuchaba protestas por parte de los profesores y hacíamos todo lo que podíamos. No me di cuenta de que mi mochila pesaba por todos esos años de lucha, de problemas constantes con el cole y que empezaba a pesarme mucho. Entendí que tenía que aceptar y cerrar esa etapa de mi vida para empezar otra. Pero antes de poder hacerlo, mi madre se puso muy enferma.

A consecuencia de ello mi ritmo de vida cambió totalmente. Llevaba a mi hijo al cole y me iba a Madrid a unos 70 km al hospital a ver a mi madre. Así, poco a poco, me metí en un túnel. Mi vida eran mi madre y los fines de semana en el hospital. Mi madre se moría, necesitaba estar con ella, y los problemas de siempre pasaron a un segundo plano.

Mamá murió un mes de noviembre y a partir de ahí yo no paré de hacer cosas para no pensar. No tuve realmente duelo. Pasaron los meses y empecé a sentirme rara. Mi madre ya no estaba. Cualquier cosa me parecía un mundo; era incapaz de afrontar las pequeñas cosas de la vida.

Seis meses después de la muerte de mi madre, en primavera empecé a estar decaída. Llegó el verano y no me apetecía irme de vacaciones. A mi hijo le quedaban varias asignaturas. Realmente ese verano para mí fue insoportable;

mi hijo tenía que estudiar para sacar el curso adelante pero estaba totalmente desmotivado y yo no podía hacer mucho.

Después del verano, en septiembre, empecé a encontrarme triste y sin ganas de nada; todo apuntaba a que estaba recayendo. Comencé a hacer Pilates y me sentaba bien, aunque lo fui dejando. Llevaba a mi hijo al colegio y después solo deseaba acostarme y dormir. Empecé a retrasar las tareas de casa; las dejaba para la tarde. Las comidas eran rápidas. No tenía ganas de hablar con la gente. Salir a comprar no me apetecía cuando siempre me había encantado. Y así, día a día, llevaba a mi hijo al cole y quería volver rápido para acostarme.

Como había tenido anteriormente una depresión, iba cada cierto tiempo a revisión. También tomaba medicación, aunque una dosis muy baja. En esas revisiones el psiquiatra me decía «si ves que hay un signo de depresión, ven».

Decidí ir de nuevo al psiquiatra, le conté lo que me pasaba y decidió subirme la medicación. Pasaron tres meses pero no me encontraba mejor.

Pedí ayuda a mi médico de cabecera y decidió recomendarme a otra psicóloga y psiquiatra.

La nueva psiquiatra decidió cambiarme la medicación; yo estaba contenta, pues pensaba que mejoraría.

Mi primera sesión no fue mal. Me dijo: «¡Tú sales de esta!». Me aumentó muchísimo la medicación. Se sucedieron las citas cada dos meses pero yo no mejoraba. Ella me decía que había cogido el rol de enferma. Aquello no me venía bien y recuerdo que cuando iba a la peluquería lloraba mucho. Raúl, mi peluquero, me animaba.

En aquella época quería estar en la cama todo el día. Me levantaba fatal, no quería afrontar el día, no tenía fuerzas para llevar a mi hijo al cole. Lloraba todo el día y cada vez me sentía más débil. Intentaba salir y no tenía fuerzas, no quería que nadie me viera...

La psicóloga no me gustaba. Me recibía con los brazos cruzados y como desafiante. Me propuso leer un libro, que yo era incapaz de entender. Me decía que era para trabajarlo con ella pero ese día nunca llegaba.

Seguía en cama la mayor parte del tiempo. Mi amiga Cristina venía para sacarme pero solo salíamos alrededor de casa y yo quería volver enseguida. Me cansaba mucho y era de no hacer nada. Mis amigas Chelo y Bene me llamaban y estaban pendientes de mí, pero yo les daba largas para no quedar. Llegaba la noche y parecía que florecía y pensaba «mañana quedo con mis amigas». Me metía en la cama y me horrorizaba que llegara el día siguiente. Mi marido estaba preocupadísimo por mí. Mis hermanas pedían permiso en el trabajo para venir a cuidarme.

Yo me quería ir con ellas a Madrid. Vivo en Toledo y allí me sentía muy sola. Mi perrita no se despegaba de mí. Yo me levantaba, me duchaba y me volvía a la cama; llamaba a mi marido llorando para que recogiera al niño. Me decía que teníamos que pedir ayuda y que viniera alguien a ayudarme a hacer la casa pero yo me negaba; no quería a nadie en casa. La situación se hacía insostenible. Llamaba llorando a mis hermanas.

Necesitaba comer, cada vez estaba más delgada. El estómago me admitía muy poca comida, pero me obligaba a comer. Cuando salía, la gente me preguntaba: «¿Por qué estás tan delgada?». Y la verdad es que se me juntaba todo: los últimos análisis de mi salud salían todos mal; me daba el azúcar altísimo, el colesterol... Todo estaba revolucionado, aunque me quité los dulces y los refrescos...

¡Estoy segura de que era por la medicación tan fuerte que me ponían!

Pasaba el tiempo y no había mejoría. Mis sueños eran siempre los mismos; de momentos cuando estaba bien, pero cuando me despertaba y veía que todo seguía igual lloraba desesperadamente.

Cabe decir que mi marido fue maravilloso conmigo, me cuidó muchísimo. También tuvimos la suerte de que su jefe le entendía de maravilla, le facilitaba el trabajo y le decía que yo era lo primero, que trabajara desde casa. Aun así yo no mejoraba. Mi hijo lloraba al verme así. Le expliqué lo que era una depresión. Le costó mucho afrontarlo. Él no quería verme en la cama siempre llorando.

En el colegio expliqué que tenía depresión y que mi hijo estaba muy triste. Mi marido iba a todas las reuniones del cole para intentar ayudar al niño en lo máximo posible.

Yo no estaba cómoda con mi psicóloga de aquel momento y en la última cita ella me dijo varias cosas que fueron durísimas como: «¿cuándo piensas dejar a tu marido y a tu hijo?» o «¿piensas joderles las próximas vacaciones?». Me bloqueé de tal manera que salí llorando y le expliqué a mi marido y a mis hermanas lo que me había dicho. Mi marido me dijo que si ya no creía en la psicóloga que no fuera más. Me pareció que habría sido nefasta conmigo. Pensé incluso en denunciarla por sus palabras y su mala praxis.

Decidí cambiar de psicóloga y de psiquiatra. Pedí cita y me fui a Madrid. Cogí mi coche llorando, pero quería curarme.

Y ahí estaba mi ángel de la guarda, la psicóloga Dra. María Blasco de la clínica del Doctor León; fue una decisión estupenda que supuso un gran cambio. Me atendió con cariño y profesionalidad, me dijo que tenía una depresión severa. Le pedí ayuda. Le dije si me podría atender otro psiquiatra.

Y apareció el Dr. Otero, al que siempre le estaré agradecida. Le dije que necesitaba un milagro. Para mí era como ir a la Virgen de Lourdes. Me puse en sus manos y de entrada me quitó toda la medicación. Me puso otra con la que solo tenía que tomar media pastilla diaria.

Al principio era muy duro; mi autoestima estaba por los suelos. Yo me echaba la culpa de todo, pero mi psicóloga me explicaba con mucho cariño cómo tenía que empezar a trabajar. Nos pusimos manos a la obra. Me enseñó a ponerme pequeños objetivos, a salir de casa; era muy importante que empezara a andar. Al principio paseaba cerca de casa con mi perrita. Hacía ejercicio de Pilates en casa; me había puesto una serie de objetivos.

Poco a poco a iba mejorando. Cada día iba haciendo más cosas y los pensamientos negativos iban desapareciendo.

Intentaba premiarme por cada cosa. Ya no me pasaba tanto tiempo en la cama y no lloraba tanto. Todo iba sucediendo lentamente.

Seguí con mi psiquiatra. Le contaba cómo me iba sintiendo; él me explicaba que una depresión es una enfermedad que hay que tratar y que era bueno que se lo contara a la gente con la que me sentía bien.

Cuando salía de estar con estos profesionales me sentía muy tranquila y comprendida. Empecé a mejorar, y ya tenía ganas de comprarme ropa, de salir. Comencé de nuevo a llevar al niño al cole, a quedar y a contarles a mis amigas que había estado con depresión. Ya no quería estar en la cama; volvía a ser la de siempre. La ayuda de mi nueva psicóloga y mi nuevo psiquiatra me salvaron la vida.

Iba a Madrid sola a las consultas. Dejé de tener miedo a la calle y a coger el coche.

Decidí hacer *mindfulness*[7] con un grupo estupendo; me venía muy bien. Les conté a todos que estaba saliendo de una depresión.

Llegó el verano y nos fuimos de vacaciones a Menorca. Yo me encontraba mucho mejor. Me iba a caminar todas las mañanas. Mi hijo estaba feliz. Le quedaron dos asignaturas pero empezó a estudiar más. Todo iba mejorando; mi marido estaba feliz y yo empezaba a ser la misma.

Terminaron las vacaciones, llegó septiembre y hacía una vida completamente normal. Llevaba a mi hijo al cole. Llamaba a mis amigas y quedaba con ellas. Empezó octubre y ya estaba estupenda. Decidí volver a hacer Pilates. Mis compañeras se pusieron muy contentas de que regresara. Volví a mis collares y empecé mis nuevas creaciones.

Hoy, totalmente recuperada, quiero deciros que de la depresión se sale. Que pidáis ayuda cuanto antes. Si caéis en manos de profesionales y veis que pasado un tiempo no avanzáis nada, cambiad. Tomar pastillas no es malo si es la medicación y la dosis adecuada. Es muy importante tanto la ayuda psicológica como la de un psiquiatra. Y contadlo, que la depresión es una enfermedad de la que se puede salir. A mí me llevó tiempo, pero salí y ahora soy muy feliz. Valoro todo mucho, pues he estado muerta en vida y ahora ¡me apunto «a un bombardeo»!

La vida es preciosa… ¡Aunque a veces uno se despiste!

«SALVADO POR LA NZA»

La historia de Ángel

Soy el menor de cuatro hermanos. Crecí en el seno de una familia normal, de padres trabajadores que consiguieron sacar a sus hijos adelante con una educación y unos valores que nunca podré agradecer en su justa medida.

Estoy felizmente casado hace 28 años con una persona maravillosa, no tenemos hijos por decisión propia y el balance de todos estos años de relación es excelente.

La relación familiar no puede ser mejor. Nos queremos, nos necesitamos y nos cuidamos. La familia ha ido creciendo, ya somos legión, y aunque cada uno hace su vida somos una piña, estamos en continuo contacto y nos vemos siempre que se puede; lo pasamos verdaderamente bien juntos.

Respecto a las amistades, puedo decir con orgullo que cuento con amigos verdaderos, alguno desde hace 45 años, y mantenemos un grupo que denominamos «La Gran Familia» desde hace más de 30 años.

Licenciado en Ciencias Químicas, toda mi vida laboral la he desarrollado en una gran empresa petrolera española. Recientemente ha llegado a su fin después de treinta años gracias a una prejubilación. En todo este tiempo he conseguido el cariño de muchas de las personas que han colaborado conmigo, alguna de las cuales ha pasado a engrosar mi «lista de amigos verdaderos». Para mí es el mayor logro conseguido, muy por encima de cualquier otro aspecto profesional.

Soy una persona activa, inquieta, curiosa, alegre a la que le cuesta mucho enfadarse y a la que le gusta vivir y sobre todo disfrutar.

Si bien es cierto que creo firmemente que soy un privilegiado, la causa de que esté escribiendo estas líneas no es otra que el hecho de que, por suerte o por desgracia, me ha tocado lidiar con la depresión durante prácticamente la mitad de mi vida.

¿Cómo una persona como yo y con mis circunstancias puede caer en las garras de la puñetera depresión? Tantos años de pelea con la «depre» (ya es de la familia) me han permitido meditar largo y tendido sobre la pregunta anterior.

Sin duda mi temperamento y mi carácter son las causas principales por las que «la depre» se empeña en ser mi amiga. Aunque la descripción que he dado más arriba de mí es adecuada, no quita que sea una persona llena de miedos, en la mayoría de los casos anticipativos e irreales, que me limitan e incapacitan. Soy una persona extremadamente sensible, muy receptiva a las emociones de cualquier índole, por lo que todo me afecta de una forma más intensa.

Además, el gran sentido de responsabilidad adquirido desde muy temprana edad hace que no me permita fallar; todo tiene que ser perfecto, no hay cabida para el error, lo que desemboca en una preocupación excesiva por el «qué dirán», por lo que piensen los demás de mí, lo que me genera una continua sensación de inseguridad.

Ya con siete años de edad, dadas las circunstancias familiares realizaba tareas que para un niño de esa edad se antojan excesivas, como ir a comprar, hacer la comida, pasar tiempo solo en casa, entre otras. Por un lado, todo eso me ha ayudado a ser más independiente que los demás en todos los aspectos; pero por el otro, me ha generado tener una excesiva preocupación por todo.

Soy el pequeño de mis hermanos y siempre estuve sobreprotegido por parte de mi madre, derivado quizás del posible remordimiento por las funciones que tenía que desarrollar con tan pocos años. Nunca me faltó de nada, aunque a su vez tenía que cumplir con determinadas tareas. No me puedo quejar la verdad.

Otra causa de peso es la genética. Mi madre pasó a lo largo de su vida por varias depresiones, y que gracias al código genético y su caprichoso funcionamiento, yo he heredado.

La gran cuestión que me planteo es el origen exógeno o endógeno de mis depresiones. ¿Hay un factor externo que me afecta gravemente y como tengo predisposición genética y fisiológica me deprimo? O, ¿como tengo una deficiencia bioquímica que produce que mis neuronas no se conecten de forma correcta, factor endógeno, no soy capaz de enfrentarme y asimilar ciertas situaciones y me deprimo? Puede parecer que ambos procesos son iguales, pero no lo son. La realidad es que siempre que he hecho esta pregunta a los expertos nunca me han dado una respuesta clara en un sentido u otro, por lo que yo me decanto por una conjunción de ambos fenómenos.

En una conversación que tuve con un médico amigo mío que me conoce desde que éramos niños, me dijo algo que me ayudó a comprender y me reconfortó mucho: «Tú te deprimes, es verdad, pero no eres una persona depresiva». En muy pocas palabras definió muy bien mi realidad.

A lo largo de 25 años he pasado por nueve procesos de depresión diagnosticada con una duración media de cuatro meses, lo que en valor absoluto son tres años de vida. Casi siempre han estado relacionadas con cambios de puesto de trabajo.

La posible causa de mi primera depresión fue un cambio de puesto de trabajo a otro de mayor responsabilidad. Empezó con miedos anticipativos, inseguridades que me iban minando poco a poco y que se tradujeron en una creciente ansiedad con todos sus síntomas típicos: nervios, falta de concentración, trastorno del sueño, falta de apetito, insatisfacción. Todo desembocó en noches sin dormir y un terrible ataque de pánico, refugiado en una esquina de la habitación, mirando a la pared, temblando sin control y llorando desconsoladamente. Solo alcanzaba a decir «No puedo, no puedo, no puedo ir a trabajar»... Las palabras de mi mujer: «Tranquilo, no pasa nada, no vas y ya está, llamo y digo que hoy no puedes ir a la oficina, ya está», fueron el bálsamo que me permitió volver a sentir cierta calma. Sin duda, este episodio ha sido el peor momento de mi vida hasta la fecha. Perder el control de tu voluntad, sentirte totalmente vulnerable y fuera de control es algo horrible; solo las personas que han pasado por esta situación pueden entenderlo.

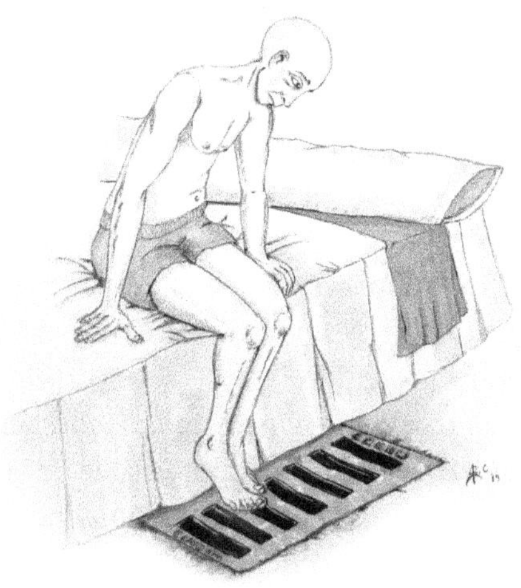

Agotado y emocionalmente extenuado, recuerdo estar en la cama primero durmiendo y luego ya sumido en un pozo de desesperación y profunda tristeza. No era capaz de comprender qué me estaba pasando y por qué. Lo primero fue acudir a la familia, mis hermanos; a mis padres nada, lo último crearles una preocupación. Mi hermana mayor sugirió ir al médico de la familia de toda la vida. Allí acudí y solo pudo confirmar mi estado y me sugirió acudir a un especialista. Mi hermano, muy introducido en el mundo sanitario por su profesión, consiguió una cita con uno de los más reconocidos psiquiatras a nivel nacional. Esperanzado dentro de mi estado de ánimo fui a la consulta. Seguro que como experto hizo lo mejor pero para mí fue un mazazo. Su opinión fue que tenía que volver a trabajar al día siguiente y que me dejara de tonterías. Era lo último que quería escuchar y me hundió más si cabe en la sima en la que estaba metido. Empezó una búsqueda desesperada de alguien que pudiera entenderme y tratarme. Pasé por psiquiatras que recibían a oscuras con una luz de flexo y que solo extendían recetas, médicos internistas que hacían un chequeo general profundo y volvían a medicarme, hasta que por fin entramos en contacto con un psiquiatra que lo primero que hizo fue decirme las palabras que necesitaba escuchar desesperadamente: «Tranquilo, ahora no puedes ir a trabajar, tienes que parar, descansar y mejorarte, no hay prisa». A partir de ese mismo momento todo cambió, «me voy a curar». Qué importante es sentirse comprendido y protegido.

Claro, esto solo fue el principio. Había una hoja de ruta, sí, pero a nuestra amiga «la depre» eso le da igual. Yo tomaba la medicación rigurosamente; recuerdo que en esta primera depresión incluso llegaron a inyectarme, pero esta enfermedad tiene sus planes y no hay quien los altere. Es muy tozuda y se empeña una y otra vez en que pases por donde ella diga. A esto yo lo he llamado «entrar en mi mundo paralelo». Estás en el mismo entorno de siempre con las personas de siempre, pero tu realidad es otra, distinta; todo lo ves de forma diferente, distorsionada, aunque para ti es tu realidad, tu verdad. En ese mundo paralelo todo es triste, feo, sin ilusión, apático, solitario. Tu estado de ánimo es totalmente cambiante, pasando por momentos de desesperación incontrolada, lloras desconsoladamente y el único color es el negro. No existe la autoestima, el sueño desaparece, no hay voluntad, no hay ganas. El apetito sexual no existe, no quieres tener relación con nadie; es un mundo inanimado donde pasas días sentado mirando a ningún lado, simplemente respirando. Solo hay incomprensión y vacío. No comes, no duermes, pierdes peso, simplemente pierdes.

Que el tiempo todo lo cura es una gran verdad y más en estos procesos; así lo demuestra mi experiencia. El tiempo es necesario para recomponerse, recuperarse, para pasar por las distintas etapas que toda enfermedad tiene, sorpresa, rechazo, aceptación, adaptación y superación, para que la medicación haga su efecto. Así fue, y tras tres meses de baja médica me sentí capaz de abandonar mi mundo paralelo y volver al que llamamos real, tomar de nuevo las riendas de mi vida y disfrutar de nuevo de todo lo bueno. Prueba superada, se acabó.

Pero no fue así. Cuatro años más tarde volví a caer en las garras de la depresión, otra vez coincidiendo con un cambio de puesto de trabajo que suponía además ir a otro nuevo entorno con personas la mayoría de ellas desconocidas. Si la primera depresión fue demoledora, esta segunda lo fue aún más. No podía ser que esto me volviera a ocurrir, otra vez no. Sabiendo ya de lo que se trataba, la sorpresa y el rechazo fueron mayúsculos. ¿Por qué a mí? ¿Qué he hecho mal? ¿Va a ser así el resto de mi vida? De nuevo de vuelta a la temible rutina del mundo paralelo, exactamente la misma, sin atajos, sin saltarse ninguno de los hitos del camino con el mismo resultado.

Volví a caer en los años 2000, 2002 y 2006. Para entonces tenía muy claro que había sido condenado. Aunque en todos los casos me recuperaba totalmente, sabía que tarde o temprano tendría que enfrentarme otra vez con mi vieja conocida.

En ese momento, aun sabiendo que el tiempo y la medicación hacían su efecto, intenté buscar nuevos caminos que me ayudasen a terminar con esta lucha. Recalé en un médico osteópata experto en medicina tradicional china, que aparte de darme a tomar unas gotas homeopáticas durante un tiempo no aportó nada más. En cambio, la decisión de acudir a un psicólogo fue acertada. Me hizo enfrentarme a mi pasado, me pidió que escribiese el relato de mi vida sin ningún tipo de condicionamiento. Fue algo liberador para mí; lo hice en una mañana del tirón. Una vez terminado empecé a encontrarme mal, tuve fiebre y me metí en la cama hasta el día siguiente. Pero ahí no terminó la cosa. Lo peor fue cuando se lo entregué y me pidió que se lo leyese en voz alta. Todo mi interior se revolvió, pero fue bueno. La terapia duró tres meses y estuvo muy enfocada a gestionar mis miedos, a comprender que lo perfecto es enemigo de lo mejor, a perder el miedo a equivocarme y a aumentar la confianza en mí mismo. Sin duda me ayudó a rebajar el nivel de tensión emocional con el que vivía.

En 1997 empecé a practicar yoga; un gran acierto, y es algo que recomiendo a todo el mundo. Estuve recibiendo clase durante catorce años. Además de mejorar mi forma física, la parte mental me ha aportado mucho y me sigue ayudando. El yoga sí me ha generado un beneficio real.

Me encontraba estupendamente y estaba poniendo los medios a mi alcance para terminar con mi lacra. Pero en 2012 de nuevo a la guerra; todo igual, nada cambió excepto mi resignación, mismo camino, mismos hitos, mismos pasos. Pasa la vida, buena vida, y en 2016, 2017 y 2018, sin solución de continuidad, tres depresiones más, siempre relacionadas con mi situación laboral. De nuevo busco ayuda en un psicólogo, que me confirma que una vez terminase mi vida laboral mis episodios depresivos desaparecerían. A la vuelta de mi última depresión después de seis meses de baja, la más larga, tengo la gran suerte de que me ofrecen prejubilarme, ya con mi edad y mi salud no tiene sentido forzar la situación. Sigo acudiendo a mi psiquiatra que a partir de conocer mi nueva situación me va reduciendo la medicación para ir volviendo a la normalidad.

A día de hoy estoy convencido de que batalla tras batalla he logrado ganar esta guerra, y si doña depresión se empeña en seguir peleando entraremos en otra guerra, nueva, diferente, pero se encontrará con un enemigo fortalecido.

En todas mis depresiones he tenido unos patrones comunes de comportamiento. Todo comenzaba con un desasosiego creciente, mi irascibilidad aumentaba día a día, dejaba de disfrutar, el gesto me cambiaba y la mirada era otra, triste, esquiva; empezaba a dormir mal, intranquilo, y cada día que empezaba era una losa cada vez más pesada, perdía la concentración y todo se convertía en una amenaza. El instinto de supervivencia, el orgullo o la inconsciencia siempre me hacían llegar hasta el límite; «puedo con esto, ya sé de qué va», pero al final, sin remedio, llega el día en que te rompes, dejas de vivir, no puedes, fin.

Da igual las veces que hayas sufrido depresión, lo asumido que lo tengas, la experiencia que hayas adquirido, da igual; tienes que pasar de nuevo, sí o sí, por este mismo aro y de la misma forma, si no no vale.

En todo esto hay algo que siempre me sorprenderá y de lo que he aprendido mucho, bueno y menos bueno. Me refiero al comportamiento y a la reacción de las personas de mi entorno cuando conocieron mi enfermedad. Respecto a mi mujer y mi familia puedo decir con orgullo que ellos me han dado la fuerza para luchar durante todos estos años. El amor incondicional, la comprensión y el respeto que he recibido de ellos han sido determinantes. Y lo más bonito ha sido que cada uno lo ha hecho a su manera, de forma auténtica, dando lo mejor, convirtiéndose en tu sombra, con una mirada, con silencio, con normalidad, con exigencia claro que sí, con palabras dichas con la mejor de las intenciones aunque en ese momento te hayan dolido, con todo su corazón.

Respecto a los amigos, las reacciones son cuanto menos curiosas; personas que han pasado a ser hermanos, que sin dudarlo han dejado lo que fuera para estar contigo con solo levantar un dedo de forma sincera y desinteresada, qué suerte tenerlos en mi vida. Amigos que seguirán siéndolo, por supuesto, pero que te sorprenden por su desinterés; miedo o incapacidad para enfrentarse a esta realidad amparándose en no querer molestar, preguntando a un tercero para saber cómo estás; los he echado de menos en los momentos difíciles.

En el entorno laboral, a medida que yo daba a conocer la causa de mis bajas, aparecían de repente personas que también habían pasado por lo mismo, que me comprendían y animaban. Las personas de mayor confianza, con las que sigo manteniendo contacto, a través de los años han sabido normalizar la situación y me han dado su apoyo, asumiendo mi situación como otra cualquiera. Recuerdo un comentario de una jefa que no tiene desperdicio: «Tú te coges bajas por tu depre y yo por mis embarazos, cada cual con lo suyo. Hazte cuenta de que has parido varias veces».

El apoyo sin límites de los seres queridos (con sus pequeñas imperfecciones), tener amigos que con solo mirarte te comprenden y saben cómo estás, que tu entorno normalice tu situación, la desdramatice, ha sido fundamental para poder asumir y enfrentar la depresión.

No me considero una persona valiente, ni mucho menos con una voluntad inquebrantable, pero sí optimista; siempre busco la parte positiva de todo y cada vez que superaba uno de los episodios depresivos he vuelto a ilusionarme por todo, a agradecer la suerte que tengo y a disfrutar de la vida a tope. En mi caso se trata de un trastorno recurrente, crónico y después de las distintas recidivas[8] he aprendido a darle su justa importancia, a relativizar e integrarlo en mi cotidianidad; hay muchas cosas peores, y como siempre digo, «de esto no me voy a morir».

En la actualidad me encuentro realmente bien a todos los niveles. Estoy tranquilo, relajado, me siento capaz, con ganas de vivir cada día como si fuera el último. Disfruto más de todo y ya no me da miedo la depresión, absolutamente no.

Si yo puedo, tengo la seguridad de que cualquier persona que haya pasado, esté pasando o pase en un futuro por un proceso de depresión mayor, puede y debe superarlo.

Termino con cuatro palabras que he hecho mías para siempre; las oí no hace mucho y me definen exactamente: salvado por la esperanza.

«TRANSFORMAR LA ENFERMEDAD DE ENEMIGA EN MAESTRA»

La historia de Katy

Soy una mujer de treinta años, casada y sin hijos. Me gradué en Venezuela como terapeuta ocupacional con una especialización en Psiquiatría, es decir, que tengo conocimiento sobre el mundo de la depresión desde el punto de vista profesional.

Siempre he sido una persona a quien le han gustado los temas de salud mental, tengo conocimiento sobre ello y estudié pensando que podría ayudar a otras personas. Y, aunque con mucho respeto y sensibilidad, creía saber lo que se sentía al padecer de cualquiera de estas enfermedades. Pero todo dio un vuelco cuando me tocó vivirlo en primera persona y me di cuenta de que no tenía nada que ver lo que se estudia con lo que se vive.

Trabajé como terapeuta de un grupo de población especial personas con problemas de adicción. Lo entregué todo. Era mi pasión. Más horas, más días, quizá más esfuerzo del que me correspondía.

Debido a una grave enfermedad padecida por un familiar, acordé junto a mi familia hacer una recaudación de dinero para poderle ayudar y decidimos vender comida, café, etc. Lo hicimos en la cola de personas que iban a votar en las elecciones presidenciales. Era el día después de la muerte del presidente de entonces, Hugo Chávez. Por suerte nos estaba yendo muy bien con la recaudación. La gente conocía la causa y colaboraba. Pero repentinamente llegaron unas veinte motos con dos hombres cada una, armados y muy amenazantes. Me asusté mucho. Uno de ellos se dirigió directamente a mí, se acercó y me dijo de forma agresiva que si no nos íbamos nos quitarían el vehículo y otras cosas que me provocaron una gran sensación de peligro. No alcancé a oír bien lo que decía; estaba muy nerviosa, aterrada. Cerramos todo inmediatamente y nos fuimos.

A partir de ese día, con 24 años, se desataron todos «los demonios». No pude salir más de casa. Sentía y vivía con mucha frustración y ansiedad, lo que acabó en depresión mayor, trastorno de pánico y agorafobia. Yo, que había trabajado como terapeuta, sabía que estaba en depresión, entre otras cosas porque ya nada me llenaba. Nada me motivaba a salir de la cama. No quería que me hablaran y eso me atormentaba. No quería ni siquiera que nadie tratara de «entenderme»... ¡Quería ser invisible!

Paralelamente a la depresión también llegaron «otros demonios». La primera crisis que me dio no supe que era ansiedad hasta que fuimos a Urgencias y después a la psiquiatra. A continuación describo brevemente cómo fue aquel día:

«Cierro los ojos y lloro. No puedo respirar bien. Mis manos no dejan de temblar. Me arde la piel... Quítenme la ropa. No... Tengo frío... Arrópenme. No, ¡no!... No me rocen que me arde. Me arde, ¡me arde!.. No me toques... ¡Me arde! Tapa la luz. No puedo ver. Cierra la puerta, no puedo abrir los ojos. No puedo moverme. Ayúdame a salir de la cama... No me toques, no me toques... Me arde. Espérate... Déjame respirar. Ya va, ya va... No puedo caminar... Me duele. Pónganse uno a cada lado. Ya va... Poco a poco. Me arde la piel. Me duelen los ojos. No puedo ver. Me duele el pecho. Me duele el cuerpo. Vamos... La doctora sabrá... Ya no quiero que duela».

Esto se fue repitiendo, y cada vez empeorando más, hasta llegar a las crisis de pánico. Las crisis de pánico eran todo lo descrito anteriormente pero mucho más intenso. Y a ello se sumaba una rigidez increíble en mis extremidades, que aquí recojo:

«Mis manos se cerraban muy fuerte, en forma de puño. Mis codos se flexionaban al punto de apretar brazo con antebrazo, sin poder despegarlos. Los hombros se iban hacia adelante, como protegiendo mi pecho. Las piernas, al igual que los brazos, se ponían rígidas. Unas veces extendidas y otras veces en máxima flexión. La cara se tensaba, al punto de no dejar que salieran las lágrimas del llanto incontrolado, que siempre me venía en las crisis. La respiración se convertía en sollozos fuertes, de no querer que esa pesadilla estuviera pasando. La piel parecía que dejaba al descubierto todo mi cuerpo porque el ardor por cualquier roce era insoportable».

Después de cada crisis de pánico, mi cuerpo quedaba abatido. El cansancio y los dolores quedaban por el resto de los días. La mente, el cuerpo y el alma suplicaban que aquello no se repitiera. Varias veces tuvimos que ir a Urgencias para que me pusieran suero intravenoso porque era lo único que me aliviaba el dolor. El resto de las veces procurábamos tener en casa suero oral para hidratarme después de cada crisis. Mi súplica diaria era para que no se repitieran las crisis. Tenía «pánico al pánico». Así que se repetían... Y cada vez peores. Yo atraía a mi propio pánico.

Le tenía terror a la noche, porque cuando me dormía sufría un sueño recurrente donde sentía mucho miedo y trataba de gritar para despertar a mi acompañante, pero no me salía la voz, aunque mi boca y mi cuerpo estuvieran realmente gritando. A veces ellos lograban enterarse de que algo me estaba pasando por algún sonido que hubiera logrado emitir, y otras veces porque estaba boca abajo arañando la cama y haciendo movimientos como de reptar. «Duelos no elaborados y estrés postraumático», dijo la psiquiatra.

Con el tiempo me he dado cuenta de que los golpes los vivía desde la tragedia, y precisamente por eso decidía echarlos a la sombra, silenciarlos, metiendo todo en una mochila que yo misma cargaba a mi espalda y que cada vez se hacía más pesada. No tenía tiempo para «esas tragedias» y pasaba las páginas del libro de mi vida sin ni siquiera leerlas. Cosas como la muerte de mi mascota cuando era mucho más pequeña, la muerte de familiares amados, cambio de colegio, de casa, de estilo de vida, diagnóstico de cáncer a ese familiar tan joven después de que mi abuelo muriera de lo mismo... Todo esto me había golpeado muy duramente durante años, pero nunca había sabido cómo transitar las tristezas. «No tenía tiempo»... Había que seguir.

Después de que aquella situación crítica con aquellos hombres motorizados me obligara a parar, y quizá sacar de dentro todo aquello que no había sacado hasta ese momento, la depresión me fue consumiendo. Se fue apoderando de mí, cada vez más, casi sin que me diera cuenta.

Lo más «absurdo» de esa depresión es que había atacado a una muchacha que siempre había sido alegre, que era el alma de todas las fiestas, que planificaba los encuentros familiares o de amistades. Esa muchacha siempre estaba alegrando al mundo entero.

Pero lo más agotador desde el comienzo de la enfermedad fue que esa muchacha tan alegre, además supuestamente también «tenía las herramientas para salir de eso». ¡Era terapeuta! Lo había estudiado, pero al parecer «no quería curarse». Y allí había comenzado «el odio a sí misma». La lucha diaria de querer tener el control. De verse de frente y gritarse: «¡inútil!», por no ser capaz de sacarla de esa situación.

Pasé algún tiempo así (aproximadamente un año que se me hizo una eternidad) y decidí entregarme a mis papás y hermanos. Me di por vencida y, para ser sincera, ya ahí había perdido toda esperanza de lucha de salir de aquella bendita oscuridad.

Me daba igual si mejoraba o no. Estaba agotadísima. No encontraba alivio en nada. Decidía quedarme en casa porque salir dolía. Otras veces decidía salir porque quedarme dolía. A veces quería dormir, otras veces pensaba que no dormir me aliviaría. A veces quería comer por buscar alivio, otras veces no comer por buscar lo mismo. En todo lo que hacía había una búsqueda de un alivio que no encontraba... Siempre describo mi depresión como una vida de clavos: dormía en una cama de clavos con almohadas de clavos. Mi casa tenía un suelo de clavos. Con sillas de clavos. Con paredes de clavos. Y donde quisiera descansar... ahí también había clavos. No era un dolor fulminante... Lo que lo hacía realmente inaguantable era no poder descansar de ese dolor. No tener ningún sitio sin clavos... No tener ningún alivio.

Después de un tiempo de estar sumergida en ese infierno comencé a pensar en dos opciones: internarme en un psiquiátrico o suicidarme. Me incliné por la última. Planifiqué mi suicidio. Escribí cartas de despedida. Busqué la manera menos dolorosa para mí, pensé en «lo menos traumático» para la persona que me encontrara. Seguí escribiendo más despedidas. Un día, en medio de mis infinitas ganas de mejorar y probarme a mí misma que sí podía salir, hice algo que siempre me había encantado y llenado el alma: mojarme bajo la lluvia en un día caluroso. Fue profundamente decepcionante. Fue demasiado duro pues no sentí nada. No había placer. No había nada. Como si realmente estuviera ya muerta. Entonces empecé a llorar incontrolable e imparablemente. No era un sueño; la depresión me había matado por dentro. Imaginaba a mi familia liberada de mí, de ese infierno. Porque ellos no merecían eso y «debían estar más agotados que yo». El suicidio en mi mente era el alivio definitivo. Para mí y para todos.

Uno de los días en que verbalicé mi agotamiento y mis ganas de acabar conmigo a quien hoy sigue siendo mi pareja salieron de su boca las palabras precisas para «atajarme», y hoy solo recuerdo la frase: «construiremos todo juntos como hormiguitas». Y me explicó cómo las hormigas se apoyan unas a otras para lo que sea.

Esa fue la primera «luz» que me mandó el universo, o que al menos yo permití que me llegara, aunque no era tan fuerte como aquella grandísima oscuridad. Quería seguir acostada, escuchando canciones tristes todos los días, arropada hasta la cabeza y de ser posible sin tener que cumplir con «obligaciones sociales» como trabajar, estudiar, asistir a cumpleaños, recibir visitas, etc.

Fue entonces cuando el universo me envió «otra luz»: me pedían ser la madrina de una hermosa bebé que venía en camino. Hoy entiendo y supongo que mi alma anhelaba la luz y esos dos episodios fueron la «excusa perfecta» para poder aferrarme de nuevo a la vida.

Y poco a poco empezaron a cambiar las cosas. Veía películas infantiles todo el día. Cuando me sentía mal me acostaba y cuando me sentía «bien» veía más películas infantiles.

Mi familia, mis cuidadores, nunca me dejaron. Fueron flexibles en cosas que ni ellos, ni yo, imaginamos que serían flexibles. Durante mi depresión tomaba decisiones más volátiles que las que normalmente tomo. Hace años podría etiquetarlo como «egoísmo», pero hoy entiendo que en esos momentos se vive en un submundo. Una realidad diferente. Como en una vida paralela que nadie te enseña a vivir.

Y ahí estaban ellos. Batallando con todo esto. Buscando ayudas en todos lados. Me llevaban, me traían, me compraban kilos de cosas de chocolate, tartas, helados, bombones… Cualquier cosa que ayudara a «subirme la serotonina[9]».

Esa lucha, esa compañía, aunque yo en ese momento no lo la valoraba como tal, me nutría. Mi gente no me soltó jamás. Jamás estuve sola, aunque así me sintiera en esos momentos.

Debido a los medicamentos que tomaba, me brotó una erupción muy enrojecida en el glúteo derecho. Me picaba demasiado y cada vez se hacía más grande. Cada vez más caliente y desesperante. Cuando eso siguió avanzando, mi mente pensó «esto mismo debe estar pasando por dentro... Tengo que salir de aquí».

Y comencé a dar pasos más fuertes para mi recuperación. Comencé a tomar decisiones «pequeñas» como decirle a mi psiquiatra que me bajara las dosis porque quería dejar esos medicamentos que me podían estar causando daño.

Curiosamente, la memoria, después de la enfermedad, quedó casi vacía de muchas cosas de aquella época. Hay muchos recuerdos que la depresión me borró. Tanto recuerdos del período que duró la enfermedad como de antes de ella. Pero sí recuerdo que esa erupción en mi nalga fue como una clara señal de que si no me cuidaba por fuera me mataría por dentro.

Tras más de un año de angustia poco a poco comencé a querer dejar de ser la víctima de la depresión para ser la que mandaba. Decidí casarme, mudarme, cambiar de ambiente. Decidí empezar otra vida, aunque en ese momento «cojeara de una pata» porque no estaba realmente recuperada.

Esa decisión me obligó a volver a tomar las riendas de mí misma. Y aunque el comienzo fue muy fuerte, hoy me hace sentir que cualquier cosa la podemos superar si ya pasamos por aquello.

Evalué qué era lo que sí podía hacer y en qué tenía limitaciones. Hacer esto me ayudaba a conocer los límites que por el momento no debía quebrantar, a cuidarme y poner sobre la mesa las capacidades que todavía tenía. Una vez que hice esto realicé varias elecciones:

- Renunciar al trabajo, porque me hacía daño (no los pacientes, sino el entorno).
- Aceptar que durante un tiempo más seguiría dependiendo de mis familiares en algunos aspectos de mi vida, por ejemplo para trasladarme.
- Estudiar Diplomado de Alteraciones en el Desarrollo Infantil y Juvenil, porque esto me acercaba nuevamente a mi pasión y a lo que quería hacer, pero principalmente porque me demostraba a mí misma que volvía a mantener la atención y la concentración, y que poco a poco iba recuperando habilidades dormidas durante ese tiempo.
- Cumplir mi sueño de tener un consultorio. Lo hicimos a nuestro gusto mi papá y yo. Era bellísimo, lleno de magia. Busqué la forma de poder dar terapias en ese espacio hermoso sin tener que subirme a autobuses para trasladarme, ni estar sola en la calle porque me daba pánico.
- Decidí proponerme salidas semanales sola, que fueran cerca de mi casa para poder llegar andando sin necesidad de autobuses ni metro, aunque solo fuera a comprar el pan.
- Comencé a ir a clases de canto, con el estupendísimo Domingo Balducci, grandioso ser humano y excelente profesor de teatro musical. Qué maravillosa decisión pues sus clases me hicieron volver a soñar conmigo misma, con mi felicidad, con lo que me hace sentirme sobre las nubes.
- Adoptar a un perrito, que me devolvió la confianza de poder cuidar a otro ser vivo, de volver a sentir amor profundo y verdadero de un almita de cuatro patas.

- Seguir viajando de vez en cuando donde podía, pues a partir de todo lo que me pasó entendí que absolutamente todo lo que hiciera lo disfrutaría como que si fuera mi último día.

Y fue durante uno de esos viajes, después de habernos dado por vencidos con respecto a irnos del país tras mucho tiempo intentándolo, que nos ofrecieron unos billetes para España. Así que aceptamos y en tan solo dos meses hicimos todo lo necesario para meter nuestras vidas en unas maletas y partir.

Ya en España comencé otro libro de mi vida con las páginas absolutamente en blanco y me «obligué» a llenarlo con cosas que me alimentaran el alma. Vivencias que me ayudaran a no volver a la depresión. A ser feliz con simplicidad.

Puedo decir que salí oficialmente de la depresión en octubre del 2017, con 28 años, cuando volé en parapente en Guadalajara, cerca de Madrid. Para ese día tenía planificado un «ritual» donde me imaginaba con unas alas muy grandes y doradas, y pedía al universo por mí, por mi familia, por nuestra salud, por más dinero, por el amor, etc.

Pero en el momento en que estaba en el aire, mi alma solo se sintió agradecida.

Lloraba y agradecía con los ojos cerrados a veces y abiertos casi siempre. Agradecía ese placer que sentía ese día y que había dejado de sentir, incluso aquel día debajo de la lluvia.

Agradecía estar viva. Agradecí todo, porque ya no me hacía falta nada. Vi a dos pajaritos volando delante de mí, y eso me hizo llorar de felicidad.

A partir de ese día, lo vi muy claro: aquella depresión había sido mi maestra para descubrir mi «para qué». Para que a partir de entonces pudiera ayudar a la gente que como yo estuviera viviendo algo tan brutal.

Hoy estoy convencida de que lo que me hizo salir de la depresión fue conectar conmigo misma y con lo que me ha movido siempre: ayudar, apoyar, transformar. Estoy convencida de que hacer lo que me apasiona me mantiene viva. Y estoy convencida de que se puede vivir de lo que te llena el alma. La búsqueda de mí misma es la herramienta más poderosa para prepararme para cualquier cosa que me toque vivir.

A partir de que conecté conmigo misma no he dejado de buscarme. Y esa búsqueda de mí misma no ha sido fácil, aunque ha sido muchísimo más simple de lo que había imaginado que sería.

Describo lo que para mí significa «simple»: para verme bien físicamente, haría ejercicio y me alimentaría bien. Para ver bien de lejos, iría a oftalmología. Para mejorar mi pelo, iría a la peluquería, etc.

También me ha ayudado priorizar mi desarrollo personal: para obtener más herramientas internas, voy a formaciones de crecimiento personal. Para ayudar a más personas, saco a la luz lo que sé y lo que viví. Para sentirme bien conmigo misma, me hago caso: invierto tiempo y dinero en lo que considero que es necesario para mí en cada momento.

Ahora llevo un proyecto que contribuye a visibilizar las enfermedades de salud mental. A desmitificarlas. A traer una luz a ese cuarto que ha estado oscuro tanto tiempo. A contar lo que yo sentí y que muchos también viven, pero sobre todo a dar protagonismo a los acompañantes de esas almas atormentadas, que son los grandes olvidados de la Sanidad.

Mi motivo de vida es ese proyecto. Es brindar herramientas de tránsito para cualquier enfermedad.

No es lo mismo que la enfermedad te pase a ti a que tú transites por la enfermedad, y eso es aplicable tanto para el que lo padece como para los que acompañan.

Mi motivación de vida soy yo misma. Es el agradecimiento de haber pasado por aquella época, de haberla transformado de enemiga en maestra.

De seguir aprendiendo de ella y de aprender a vivir conmigo misma.

Me siento viva. Más viva que nunca. Me siento... Y el sentirme ya es demasiado grande... porque hubo un tiempo en que me dejé de sentir.

Porque estoy decidida a seguir viviendo como nunca antes lo había estado.

2. TESTIMONIOS Y OPINIONES DE PROFESIONALES DE LA PSICOLOGÍA, LA PSIQUIATRÍA Y LA LUCHA CONTRA LA DEPRESIÓN[2]

«DE LA DEPRESIÓN SE SALE CON COMPRENSIÓN Y AYUDA»

Dra. Junibel Lancho, psicóloga y especialista en suicidio, directora clínica en el Hospital de Día Lajman de Salud Mental (Madrid, España)

«Sé como tú eres, de manera que puedas ver quién eres y cómo eres. Deja por unos momentos lo que debes hacer y descubre lo que realmente haces».

FRITZ PERLS

La depresión es una emergencia que necesita intervención urgente. Es un trastorno y no una debilidad, como algunas personas que lo padecen y de su entor-

---

2　A continuación se recogen las impresiones de diferentes profesionales que trabajan habitualmente con la depresión en distintos ámbitos. Los textos que se incluyen en este apartado responden a preguntas similares, conforme a la propia visión, experiencia y conclusiones de cada profesional, por lo que el lector podrá encontrar algunas similitudes y también algunas diferencias en cuanto a la interpretación sobre el origen, el padecimiento y las soluciones a la enfermedad. Todas ellas son válidas y enriquecedoras y completan así el objetivo de este libro: servir de aliado en la lucha contra la gran enfermedad del siglo XXI.

no piensan, y por lo tanto hay que tratarlo cuanto antes; en el momento que uno mismo o los que tiene a su alrededor ve signos de tristeza, malestar psíquico, pérdida de motivación... hay que acudir a un profesional psicólogo/psiquiatra o a la Medicina Primaria.

El trastorno depresivo lleva asociados momentos en los que se necesita la soledad y momentos donde se necesita mucha comprensión. Es importante ofrecer esos espacios a los que lo padecen para que expresen su dolor y preocupación... aunque no de una forma recurrente u obsesiva que les lleve a un bucle donde no encuentren la salida y se queden instalados en el victimismo y el compadecimiento.

Cuando se está en un proceso depresivo se pierde la capacidad de sentir interés o placer por las cosas que antes agradaban, lo que da lugar a una sensación de apatía, desmotivación... Esto lleva a la persona a caer en un bloqueo emocional, a perder la armonía con la realidad, la capacidad de poder conectar consigo mismo y con las propias necesidades. También al aislamiento, a arrinconarse y alimentarse solo de pensamientos y sensaciones negativas que van haciendo que se vaya rompiendo y acumulando cada vez más energía negativa.

En las personas que presentan un trastorno depresivo se observan síntomas como nerviosismo, pesimismo, pensamientos negativos, tener una forma pasiva de reaccionar en diferentes situaciones, utilizando la huida o bloqueos ante algún contratiempo. También está el perfeccionismo obsesivo o presentar una autoestima baja o poco estable con alto grado de dependencia emocional de otras personas, y una falta de confianza en sí mismos.

Hay estudios científicos que dicen que los rasgos de depresión continuados en el tiempo y con sentimientos catastróficos vinculados a altos niveles de dolor crónico tienen relación con la parte física del cuerpo, apareciendo enfermedades reumáticas y fibromialgia.

Como dice el Dr. Mario Alonso Puig «cuando los sentimientos catastróficos invaden la vida afectiva de la persona, el cuerpo responde con mecanismos fisiológicos como la liberación del cortisol, que es la hormona del estrés, que ocasiona problemas en los diferentes sistemas orgánicos: cardiovascular, osteomuscular, digestivo, neurológico e inmunológico».

Otro aspecto a destacar son los sentimientos de indefensión aprendida. En este sentido, el reconocido psicólogo norteamericano Martin Seligman nos muestra que si la persona es incapaz de controlar una situación adversa, esto la lleva a dejar de tener motivación para lograr o resolver dicha situación, y seguramente futuras situaciones. Este sentimiento se va forjando desde la infancia, lo que hace que la persona caiga en un sentimiento de desesperanza que hace que inconscientemente se vaya autodestruyendo a sí misma.

¿Cómo podríamos prevenir la depresión?

Estando alerta el entorno más cercano al paciente: la familia, amigos, colegio, entorno laboral... Acudir al psicólogo ante los signos de alarma citados, o al médico de Atención Primaria, psiquiatra, etc.

Acudir a espacios comunitarios para relacionarse y no aislarse, haciendo diferentes actividades lúdicas, culturales, etc.

De ahí la importancia de que haya espacios de información y divulgación en televisión, radio, redes sociales, Internet... que hablen del tema con profesionalidad y rigor científico, y desde un punto de vista esperanzador. En todos los ámbitos de la sociedad se debe hablar de una forma seria de la depresión y no tratarla como algo menor y sin importancia.

¿Cómo enfrentar la depresión?

Lo primero, sin miedo, sin tabúes; lo segundo, empezar un tratamiento de psicoterapia.

Cuando los pacientes acuden a consulta, a veces después de llevar mucho tiempo en un estado depresivo que les ha ido produciendo diversos efectos negativos en las diferentes áreas de su vida, tanto a nivel cognitivo como afectivo... tenemos que orientarles, hay que explicarles (familia y paciente) qué les está ocurriendo, tranquilizarles, darles esperanza, pautas a seguir tanto a ellos como a la familia, en el colegio, etc.

En psicoterapia tendremos que ayudar a que se acepten, porque es así como empezarán a encontrar el bienestar emocional y llegar al crecimiento personal que habían perdido y estaba bloqueado. Es necesario llegar a ese estado de aceptación plena y sin condiciones y hacer conscientes los pensamientos negativos para poder acabar con ellos, para darse cuenta de que son creencias y no realidades. En ese momento la persona empezará a salir de ese estado depresivo.

Es importante que acompañen a la psicoterapia una buena dieta, una vida sana con ejercicio y la práctica de relajación y actividades como el *mindfulness*, tener un grupo socio-familiar y actividades lúdicas.

La familia y el entorno más cercano deben ofrecer esperanza, refuerzos positivos, recordarles sus cualidades y valores y hacerles ver la importancia que tienen para ellos, ayudándoles también a que lleven una vida saludable y realicen actividades que les gusten. En resumen, acompañarlos en todo el proceso desde las primeras visitas al médico/psicólogo hasta la toma de medicación si la tienen, todo ello sin formular juicios de valor y siempre demostrándoles cariño y afecto.

La depresión en los jóvenes y adolescentes

Si hablamos de depresión, es de especial relevancia dedicar unas líneas a la juventud. Una de las causas por las que los jóvenes y los adolescentes caen en la depresión es la violencia y el acoso escolar, que mayoritariamente parte de la intención de despreciar y vejar al otro, excluyéndolo del grupo con insultos, acoso físico y verbal, además del posible seguimiento en las diferentes redes sociales de forma continuada en el tiempo, lo que conduce a la persona que está siendo acosada a un trastorno depresivo, que conlleva un sentimiento de tristeza profunda, frustración, susceptibilidad, sensaciones de pérdida y mucha soledad... haciéndole caer en el aislamiento y el abandono de los estudios.

Otros muchos problemas también pueden provocar la depresión en jóvenes y adolescentes, como la presión y las expectativas académicas, la separación o las malas relaciones entre los padres, ser víctimas de violencia y/o abusos sexuales, fracasos amorosos, trastornos de la alimentación como la anorexia y la bulimia, o las drogas. Para los jóvenes la depresión es un estado de infelicidad y abatimiento, que puede concurrir con problemas en el comportamiento (agresividad, desobediencia, fugas sin justificar...) o comportamientos autodestructivos (autolesiones, tendencias masoquistas, accidentes...)

Las familias ante un problema de depresión en sus hijos, a veces, no le dan importancia porque piensan que es la edad, que puede ser algo pasajero y acuden tarde a ayudarlos cuando estos llevan bastante tiempo sufriendo. Ante los signos de alarma hay que acudir al psicólogo y al tutor del colegio. Los padres deben intentar tener más comunicación con ellos, ofrecer apoyo y afecto. También saber poner bien los límites, proponer normas estables y favorecer el diálogo desde su posición de padres, no la de amigos.

Si no se interviene a tiempo, la depresión se cronifica y es un problema para el futuro de estos jóvenes a nivel de formación, afectivo o laboral, que los conducirá al fracaso en todas las esferas de la vida.

En los colegios o centros de formación se deben favorecer los espacios para gestionar las emociones, dar información y charlas sobre prevención de la depresión, el consumo de drogas, el buen uso de las redes sociales y la prevención del acoso escolar. También fomentar la práctica de algún deporte, educar en valores (por ejemplo haciendo algún voluntariado apropiado para las diferentes edades), fomentar el uso de la lectura, actividades culturales...

No hay que tener miedo a hablar y a pedir ayuda cuando se vea en ellos o en personas allegadas (compañeros, profesores, padres) que algo no va bien.

Hay que saber que la depresión se cura y más en la gente joven si hacen un tratamiento adecuado de psicoterapia o farmacológico, junto con el apoyo familiar y del entorno educativo, para que en el futuro puedan ser hombres y mujeres independientes, con una vida laboral y social satisfactoria. Si por el contrario no ponemos remedio a los problemas de depresión en nuestros jóvenes, en el futuro tendremos una población enferma, por lo que tenemos que poner todos los medios necesarios para solventar esta cuestión.

Mi conclusión es que la depresión es un trastorno mental que padece un alto porcentaje de la población a nivel mundial, pero existe curación siempre que se trate de forma profesional y con el apoyo de un entorno socio-familiar no hostil donde prevalezcan la comprensión y la ayuda. No es fácil; es una tarea ardua por parte de todos, pero al final se consigue salir, y fortalecidos.

«LA DEPRESIÓN SE TRATA Y SE CURA, PARA LO CUAL HAY MÚLTIPLES RECURSOS»

Dr. Conrado Montesinos, psiquiatra general
y especialista en Psiquiatría del Niño y del
Adolescente. Coordinador del Centro Médico Dr.
Conrado Montesinos (Cádiz, España)

Para un psiquiatra, hablar de la depresión es hablar de una parte sustancial de su labor diaria. Al hablar de ella nos estamos refiriendo a una enfermedad, un trastorno que padecerán una de cada cuatro personas a lo largo de su vida. Y cada vez son más frecuentes los casos de depresiones infantiles. No en vano el filósofo con más influencia en redes hoy día a nivel mundial, el coreano afincado en Berlín Lee Byung Hun, la describe como «la enfermedad más emblemática de nuestro siglo».

¿Qué entendemos por depresión? Cada vez que tenemos un problema mental (aunque solemos llamarlo psicológico) solemos llamarlo depresión, cuando en realidad pueden ser muchos los trastornos que estemos padeciendo, tales como ansiedad generalizada, cuadros obsesivos compulsivos, trastornos bipolares, fobias o crisis de pánico, por poner solo unos ejemplos.

Por eso vamos a intentar describir someramente y a acotar qué es realmente este trastorno y en qué consiste. No se trata del típico «bajón» al que aluden algunas personas en consulta o muchas de las personas que conocemos y nos comentan que están «regular». No, la depresión es algo más. No solo es un cuadro persistente de tristeza, pues también suelen aparecer apatía, falta de energía, cansancio, trastornos del sueño o de la alimentación, incapacidad para disfrutar con las cosas que nos son habitualmente placenteras, tendencia a aislarnos tanto de familiares como de amigos, desmotivación por todo, falta de ilusión, de proyectos, una desesperanza general y un gran sentimiento de vacío y fracaso vital.

Debemos estar muy alerta ante las depresiones infantiles, cuyas manifestaciones son muy diferentes a las de los adultos. A ello se suma la dificultad de detectarlas, pues el adulto expresa su tristeza más o menos, pero el niño no siempre lo hace y suele interiorizarla. Los niños cuando se deprimen manifiestan sobre todo irritabilidad, bajo rendimiento escolar y aislamiento social o trastornos en la alimentación o el sueño.

Si nos vamos a la depresión en la tercera edad, esta se expresa a través de manifestaciones llamadas psicosomáticas, que podríamos decir que son manifestaciones orgánicas, físicas, de conflictos mentales y psicológicos, y ante lo cual los profesionales y los familiares hemos de estar muy atentos. Estas manifestaciones pueden ser de todo tipo: desde dolores de cabeza, tensiones en cuello y hombros, hasta dolores de espalda o de estómago, así como sensación de opresión en el pecho, o bien problemas digestivos como náuseas, vómitos, diarreas o estreñimiento. En el anciano es muy típica la queja del dolor físico, pero muchas veces ese «dolor» oculta una depresión.

En cualquier tipo de paciente, en los casos graves aparecen las ideas de muerte y de perder progresivamente el sentido de la vida. La persona comienza a sentir que ha dejado de querer vivir y que su trayectoria vital está terminando y ya no tiene sentido «arrastrarse» por la vida. En casos extremos puede haber una tentativa autolítica[10], un intento de suicidio. Muchas veces no son sino lo que los profesionales llamamos «parasuicidios», que en realidad son llamadas de atención. La persona profundamente deprimida puede no saber expresar su sufrimiento, o bien su entorno ya está, por ser un padecimiento crónico, muy insensibilizado respecto a sus quejas habituales, con lo que el paciente llega a intentar ese «suicidio» como forma de expresión, ya desesperada, de su estado personal, siendo un modo de llamar la atención del resto de personas.

Las personas que han perdido el sentido de vivir y que desean terminar el recorrido normal por este puente entre el nacimiento y la muerte que es la vida no siempre son las que recurren a la ayuda psicológica y psiquiátrica por haber perdido toda esperanza e ilusión por continuar viviendo. En muchos casos son llevados a las terapias por familiares, parejas o amigos.

Son personas que tienen la idea y el pensamiento de la muerte muy presente a lo largo del día pero que «no tienen valor para quitarse la vida». Sin embargo, hay un grupo de ellas que sí llegan a consumar el suicidio, la autolisis[11].

Causas de la depresión

Cuando vemos a un ser humano deprimido lo primero que nos interesa es preguntarnos por las razones. Pero, aunque nos parezca extraño, no siempre hay causas visibles. Y muchas personas saben reconocer perfectamente su estado pero no pueden explicar una causa que justifique su depresión, siendo estas las depresiones más difíciles de tratar pues son lo que la Psiquiatría y el mundo académico ha llamado siempre «depresiones endógenas». Estas depresiones son recurrentes, aumentan y disminuyen en intensidad pero no desaparecen del todo. Suelen ser muy resistentes a los tratamientos psiquiátricos y muy invalidantes pues con cada recaída aumenta la gravedad y el pronóstico empeora. Es típico escuchar a los pacientes decir que ningún tratamiento les es efectivo. Estas depresiones tienen una base genética, no una causa externa, lo cual no quiere decir que ciertas circunstancias no desencadenen o empeoren un cuadro que parte de una predisposición orgánica. Hay que tener en cuenta que en casi el 50% de los casos no existe un factor desencadenante de la depresión y por tanto no encontramos ningún factor etiológico[12].

También tenemos que tener cuidado con ese tipo de depresiones que son recurrentes y que el paciente describe como aquellas que comenzaron hace muchos años, de las que nunca se curó totalmente. Entonces no estaríamos ya hablando *stricto sensu* de una depresión sino de un trastorno bipolar que consiste en una enfermedad en la que se alternan episodios maníacos con episodios depresivos, en los que el paciente se muestra irritable, verborreico, muy activo, apenas duerme, pierde el control del gasto, tiene ideas megalomaníacas, está incansable... a lo que llamamos fase expansiva, y que se alterna con una fase de profunda depresión en la que solo habla de querer estar acostado.

Hoy en día sabemos que en las depresiones influye mucho el factor genético, el factor congénito o hereditario. En las historias clínicas es habitual encontrarnos con personas depresivas que nos cuentan que en su familia había varias personas que padecían depresión. Un padre, una madre, un hermano o un abuelo aparecen con frecuencia en el historial médico de los casos de depresión. Se investiga mucho acerca de cuáles son los genes que intervienen en la predisposición a la depresión, y esto es muy importante porque cuando sepamos qué genes son, será realmente cuando encontremos una terapia totalmente eficaz.

No sabemos el peso específico de la herencia en la depresión pero sí sabemos que la herencia, más que una causa de la enfermedad, sería una especie de predisposición, en este caso genética. Pero aunque en la depresión intervienen factores genéticos, también hay factores que intervienen desde el entorno.

Dicho lo anterior, sin embargo muchas veces sí detectamos la razón o razones de una depresión; un divorcio, la muerte de un ser querido, un problema económico grave o una enfermedad. Por otra parte no podríamos hablar de causas específicas para todos los casos de depresión, pues es obvio que hay personas, personalidades, que tienen más o menos vulnerabilidad ante los diferentes problemas de la vida. Así, existen personas que son muy sensibles a temas sentimentales, a las relaciones amorosas y de pareja, y en cambio otras apenas dan importancia a estos asuntos siendo, por ejemplo, los temas económicos los que más les afectan o viceversa.

Sin embargo, y para complicar un poco más el tema, se podría decir que estas circunstancias, más que causa de la depresión, son factores desencadenantes de la misma en personas ya propensas. Sería erróneo creer que la depresión es una debilidad del ser humano, pues personas aparentemente de gran fortaleza mental, incluso de gran brillantez social, pueden caer en esta enfermedad.

En general, los temas por los que los seres humanos nos deprimimos han sido constantes a lo largo de la existencia, aunque con matices. Y es cierto que no siempre las causas han sido las mismas. Vivimos en una época de grandes presiones sociales por asuntos que quizás en siglos pasados resultarían impensables como causa de malestar o depresión. Me refiero a esas depresiones actuales, sobre todo en adolescentes y jóvenes, que se dan por ejemplo por sentirse poco agraciados. La importancia que los medios de comunicación y nuestro entorno en general dan a la estética y a la apariencia física, y no al cuidado de la salud, lo que sería más lógico y beneficioso está haciendo que muchas personas se sientan deprimidas por no cumplir los cánones de belleza.

El estándar de un físico casi perfecto, las exigencias de belleza que todos los días recibimos en forma de mensajes, subliminales o no, desde ciertos programas de televisión, el cine o las redes sociales, crean una gran frustración, y no solo en adolescentes o jóvenes, sino también en adultos. Nunca como hoy habían acudido tantos adultos a los gimnasios, y no siempre por una preocupación por la salud.

Pero no todo son la estética y la belleza física las fuentes de los problemas depresivos. Así, en el otro extremo de la cronología de la vida del ser humano, la ancianidad es causa de cada vez más depresiones. Cada vez vivimos más, y por tanto cada vez es mayor el número de ancianos que cumplen más años. En las consultas de Psiquiatría cada vez hay más personas mayores que acuden por sentirse solas o inútiles, casi discapacitadas para cualquier labor o actividad normal. Hablan con frecuencia de «querer volver a ser como antes» porque su estado actual les crea una gran frustración.

La necesidad desaforada de consumir que todos padecemos hoy día es otra fuente de insatisfacción y depresión. Esta carrera sin freno por viajar más, comprarnos el último móvil, un coche que no necesitamos, y así una larga lista de objetos materiales, a medio plazo nos produce una gran insatisfacción y un gran sentimiento de vacío.

También sería necesario hacer un breve análisis del tipo de relaciones humanas y de vida que estamos construyendo en la actualidad. No es una novedad señalar que cada vez estamos más conectados pero menos comunicados y que nos relacionamos cada vez menos. ¿Qué nos hace interesarnos más por el que nos comenta algo por la redes que lo que nos pueda decir la persona que está a nuestro lado? ¿Por qué esta obsesión por saber quién se interesa por nosotros o nos dice algo cuando muchas veces es una simpleza? ¿No es más lógico prestar atención al de al lado?

Quizás sea una pregunta que nadie pueda contestar pero es una evidencia que en los últimos años estamos hiperestimulados por redes y *whatsapps*; necesitamos nuestra dosis diaria de conexión y no somos capaces de prescindir de ella.

La cuestión es que estamos hiperconectados, pero paradójicamente cada vez nos sentimos más aislados y solos. Algo que no ayuda a sentirnos bien sino a desarrollar un sentimiento de soledad, cuando no de depresión. En este mundo cada vez más competitivo, el ser humano huye de parecer débil al contar sus emociones a los demás. Se teme el rechazo. La comunicación, la conversación de siempre, es terapéutica y deberíamos hacer esfuerzos para volver a ella, por fomentarla en nuestras vidas. Nos ahorraríamos muchos problemas psicológicos.

Por último, tendríamos que aludir a un fenómeno cada vez más extendido y que obedece a causas ya muy complejas, de tipo sociológico, cultural, antropológico y psicológico: los ciudadanos del mundo occidental cada vez somos más frágiles, soportamos menos la adversidad, y la queja y el victimismo aumentan por doquier. En las consultas se observa una escasa resistencia a la frustración, al fracaso, a los contratiempos que muchas veces la vida nos proporciona, tendiendo a hacer una tragedia de todo. En parte obedece a la fantasía del ser humano moderno de una vida sin sufrimientos, una vida eternamente feliz, al hilo del mensaje subliminal que recibimos de los medios de comunicación y de las redes.

De hecho, muchas veces son esas mismas redes las que parecen exigirnos una felicidad absoluta haciéndonos creer que el que no la consiga es un fracasado. El peligro de las redes es la comparación, pues el ser humano se expone continuamente a la visión de decenas de vidas de las cuales antes no tenía noticia, y eso puede causar gran insatisfacción. Es más fácil percibir «lo muy felices» que son los demás cuando en realidad en gran parte es un teatro donde se fingen papeles, vidas, para ser más aceptados, para tener «más éxito social». Es otra de las obsesiones de nuestra época. Todo ello enlaza con el narcisismo tan desenfrenado que existe y que, alimentado por esas redes, nos obsesiona para querer parecer personas felices, completas y de gran brillantez a todos los niveles.

Avanzando en lo que es la depresión hay que indicar que un paciente no tiene por qué saber inicialmente qué es con exactitud una depresión que justifique acudir a solicitar ayuda médica, psiquiátrica o psicológica. Simplemente, cuando nos encontremos mal, tristes, sin ilusiones, sin ganas, apáticos, sintiéndonos que nos molestan los grupos o las compañías a nivel social, con problemas de sueño, irritables, sin esperanzas, deberíamos reflexionar y acudir a un profesional que nos evalúe, nos diga qué padecemos y, si se tercia, nos proponga ayuda terapéutica. Es aconsejable que cuando nos encontremos en ese estado seamos nosotros mismos, y no los que nos rodean, los primeros que tomemos la decisión de recibir ayuda. Eso le mostrará al profesional que el paciente tiene lo que en la jerga psiquiátrica se conoce como *insight*, palabra utilizada en el mundo anglosajón para referirse a que existe una buena conciencia de enfermedad. Es decir, que el paciente asume y admite el problema y la necesidad de ayuda. Muchas veces ocurre que cuando los pacientes son forzados a una consulta por parte de sus parejas o familiares apenas van a una o dos sesiones y no vuelven más.

¿Cómo y quién diagnostica la depresión?

El diagnóstico de la depresión es básicamente clínico, lo que quiere decir que un especialista en salud mental, bien sea psiquiatra o psicólogo, hará una entrevista al paciente y anotará todos los signos y síntomas que este presente. El especialista llevará a cabo una serie de observaciones que le ayudarán a confirmar un diagnóstico. Asimismo, puede realizar una serie de escalas y tests que también le ayudarán a emitir un diagnóstico. No existen, hoy por hoy, pruebas complementarias como las realizadas en otras especialidades médicas como pueden ser la resonancia magnética o un electroencefalograma que nos faciliten el diagnóstico. Sin embargo, sí es oportuno en ocasiones averiguar si hay enfermedades orgánicas concomitantes[13], llamadas comórbidas[14], sobre todo el Parkinson, alteraciones del tiroides, demencia, enfermedades inmunológicas, la fibromialgia, enfermedades metabólicas, enfermedades hematológicas, y algunas enfermedades neurodegenerativas, entre otras, porque pudieran ser en realidad causa de la depresión. Entonces sí procederíamos a completar de forma más minuciosa la entrevista clínica con alguna prueba médica y consultarla con otros especialistas médicos.

El tratamiento de la depresión depende de las circunstancias del paciente, de la existencia o no de factores desencadenantes, la presencia de las referidas enfermedades comórbidas (enfermedades orgánicas que coexisten con la depresión y que pueden ser causa de la misma), la antigüedad del cuadro actual, los factores hereditarios a través de una investigación de los antecedentes familiares, la personalidad del paciente, y por supuesto, de la gravedad de la misma.

El paciente de salud mental es uno de los pacientes con más recorrido de profesionales de toda la medicina. La mayoría de los pacientes han visitado a varios psicólogos y psiquiatras y ello obedece a múltiples factores: desconfianza, no observar avances, la peculiaridad de estas consultas y el hecho de que la enfermedad mental es algo *sui generis* en sí, distinta a un problema pulmonar o cardíaco, y en la que intervienen numerosos rasgos de nuestra personalidad que hacen que la constancia en las consultas y el compromiso con el terapeuta sean en ocasiones algo deficitarios, lo cual perjudica básicamente al paciente pero también al terapeuta, pues el compromiso terapéutico, algo fundamental, se debilita. Por tanto, es importante confiar en un terapeuta y colaborar con él para que pueda ayudarnos de una manera eficaz. Y para ello ser constantes es clave.

Hay depresiones que precisan de un apoyo psicoterapéutico, el cual puede realizarlo un psicólogo o bien un psiquiatra con formación adecuada en psicoterapia.

Existen múltiples tipos de psicoterapias: la terapia psicoanalítica[15], inventada por Sigmund Freud; la terapia psicodinámica[16], que deriva de la anterior pero que se desarrolla de forma más focalizada y breve; la psicoterapia cognitiva[17], que consiste en detectar los pensamientos y las actitudes que inciden en nuestras emociones de forma negativa; la terapia Gestalt[18]; la terapia humanística[19] o la terapia sistémica[20].

La psicoterapia es una terapia psicológica en la que se establece una alianza entre el terapeuta y el paciente en la cual el profesional, desde sus conocimientos técnicos y la empatía que debe aplicar, ayuda al paciente a reestructurar sus emociones, sus pensamientos y sus actitudes para afrontar con mayor habilidad, destreza y capacidad las vicisitudes de la vida.

Pero en ocasiones la psicoterapia puede no ser suficiente por la agudeza y gravedad de la depresión, por su recurrencia, por sus antecedentes, por existir un substrato de factores orgánicos desencadenantes (aquellas enfermedades a las que aludíamos anteriormente), y en caso de depresiones endógenas, que sea necesario administrar un tratamiento psicofarmacológico. En este punto, y cuando esto sea necesario, deberíamos desprendernos de estigmas, tabúes o miedos infundados, pues los tratamientos actuales de la depresión no crean dependencia, apenas producen modificaciones del peso o del sueño, no crean adicción y no tienen por qué comportar efectos secundarios que nos impidan llevar una vida normal, por supuesto si están bien indicados y utilizados por el profesional. Todavía queda en el subconsciente colectivo de muchas personas la idea de la Psiquiatría como «la especialidad de los locos y de los manicomios», «manicomios», cuyos cierres fueron masivos en España tras la nueva ley de Sanidad de 1986.

El cine, la literatura y parte de la propia realidad del pasado estigmatizaron al psiquiatra, especialista cuya mayoría de pacientes son personas que padecen ansiedad, depresiones, trastornos obsesivos o de la personalidad, sin que el «loco», palabra proscrita en el lenguaje del profesional de la Psiquiatría, forme parte de su labor diaria salvo de forma minoritaria.

Cómo ayudar a vencer la depresión

Los familiares, los amigos, no deberían instar constantemente al paciente a que «se anime», lo cual es lo peor que se le puede decir a una persona deprimida porque se ahonda aún más en su sentimiento de debilidad. Si queremos ayudar a una persona con depresión simplemente debemos escucharla, sin juzgarla, lo cual constituye la mejor terapia, y de hecho es lo que el paciente suele buscar en el profesional. Escucharla y, eso sí, animarla a que haga ejercicio, a que se alimente de forma sana, a que duerma las horas adecuadas e intente llevar la vida con la mayor normalidad posible. Y sobre todo que no cometa el error de esperar a «estar bien» para normalizar su vida. No, es al contrario. Es necesario estructurar el día a día de la forma más normal posible, aunque no estemos sobrados de fuerzas. Decir «cuando esté bien ya caminaré o saldré» es un error muy frecuente. Esto es importante para superar la depresión. No debemos aislarnos, no debemos abandonar nuestros hábitos saludables y aficiones aunque nos cueste, aunque creamos que apenas tenemos fuerzas.

La depresión es una enfermedad que parece «vergonzante», que muchos erróneamente asocian con debilidad y los pacientes sienten vergüenza e intentan ocultar tanto su depresión como el hecho de que reciben tratamiento, más aún en caso de acudir al psiquiatra. La persona deprimida carga con un gran sentimiento de culpa. Piensa que es débil, que «algo habrá hecho para merecerla», y muchas veces experimenta una gran soledad e impotencia.

La depresión es una enfermedad dura, dolorosa, silenciosa. Es una enfermedad que nos hace pensar que somos distintos, débiles. La mayoría de las veces nos hace sentirnos incomprendidos. Nos aísla de los demás. Modifica nuestra trayectoria vital en todos los ámbitos.

Pero la depresión se cura. No hay por qué sufrir. Aquello tan antiguo que pensaban nuestros abuelos sobre que «el sufrimiento dignifica» es absurdo en la actualidad. Es una enfermedad que nos puede afectar a todos; nadie está libre de padecerla. Es usual escuchar de muchas personas con depresión la frase «yo nunca creí que llegaría a esto». Pues se puede llegar a padecerla. Todos, fuertes o débiles, no hay distinción.

Nunca deberíamos interiorizar la idea de que la depresión es por nuestra culpa o por ser débiles. La depresión es una sombra que puede oscurecer nuestras vidas en cualquier momento y nadie está libre de ello. Pero tenemos que tener la capacidad de ser sinceros con nosotros mismos y saber que raramente se cura sola. Y que existen excelentes profesionales y medios técnicos para vencerla.

Está de moda la palabra «resiliencia». Se trata de la capacidad que hemos de cultivar para superar situaciones difíciles. No sería propio de una personalidad madura esperar una vida sin problemas, pues eso no existe, sino de adaptarnos a la realidad, intentar resolverla si procede y, si no es así, cambiar nuestra actitud ante esa realidad.

Los organismos públicos tienen el deber de establecer programas para fomentar la salud mental y prevenir la depresión. Existen programas para promocionar la salud cardiovascular, contra la obesidad, contra el tabaquismo, etc., pero no existen apenas campañas a favor de la salud mental. Las administraciones tienen recursos, físicos y económicos para informar acerca de un tipo de vida más saludable desde el punto de vista emocional.

También la población debe tener mejor y más fácil acceso a los servicios de salud mental. Se necesita mayor información acerca de cuáles son las vías de asistencia sanitaria y cómo acceder a las mismas. Para ello es fundamental reforzar el sistema de Atención Primaria, donde los médicos están saturados de trabajo y apenas disponen de tiempo para explorar adecuadamente a un paciente, como es preceptivo. El tiempo es básico en la exploración y evaluación psiquiátrica y psicológica. Se sabe, por estudios realizados a conciencia, que casi el treinta por ciento de las consultas que se solicitan en Atención Primaria obedecen a causas con base psicológica o psiquiátrica, sobre todo de depresión y ansiedad, las cuales en ocasiones, y por su frecuente tasa de psicosomatizaciones[21], son valoradas como enfermedades orgánicas, con la pérdida de tiempo y el coste que ello supone para la sociedad y para el paciente. Esto conduce a que al paciente, tras un relato por ejemplo de vértigos, cefalea o dolor gástrico, se le somete a innumerables pruebas muy costosas, como una Resonancia Magnética Nuclear o a un TAC, cuando una correcta evaluación de su estado emocional evitaría ese largo recorrido de pruebas diagnósticas y de tiempo sin soluciones que tienen que padecer muchos pacientes. En concreto, la mayoría de los ancianos con depresión o ansiedad suelen acudir a su médico con quejas físicas, orgánicas, somáticas en suma, pero que en realidad obedecen a cuadros depresivos o de ansiedad.

Por otra parte, ha de haber una mejor coordinación entre los servicios de Atención Primaria y los de salud mental, para que los casos más difíciles o complicados sean tratados por servicios especializados.

También habría que hacer una llamada de atención a los medios de comunicación para que traten la enfermedad mental en general con mayor conocimiento de la misma, con mayor naturalidad y con mayor respeto, sin alarmismos innecesarios y sin estigmatizar al enfermo mental. Esto quizás se podría conseguir a través de una mejor formación de los periodistas, sobre todo de los que trabajan en el área de salud. Los medios de comunicación pueden hacer una inmensa labor, tanto de información como de concienciación.

Para conseguir eso que llamamos «desestigmatización» de la enfermedad mental en general también sería necesario que en los ambientes laborales no se pusieran muros al paciente que sufre o ha sufrido una depresión. Todavía muchas personas evitan poner en conocimiento de su entorno laboral esta enfermedad, cuando no debería representar más problema que, por ejemplo, una afección osteomuscular o cardiovascular, algo que nadie ocultaría.

Por último, hay que concienciar a la sociedad y a los padres de que los niños y adolescentes también sufren problemas mentales. El suicidio es ya la segunda causa de muerte entre los adolescentes, lo cual resulta pavoroso y un reflejo de que no estamos haciendo bien algo. Detectar y tratar esta enfermedad en niños y adolescentes es también la mejor medicina preventiva que podemos hacer en el área de la salud mental. Desgraciadamente, en nuestro país aún no existe la especialidad de Psiquiatría del Niño y del Adolescente, aunque se espera su próxima creación. Esto es un reflejo de la poca trascendencia que hasta ahora se ha dado a los problemas mentales en la infancia y adolescencia. Los niños se deprimen y los adolescentes también. Y una sociedad moderna y desarrollada debe hacer especial hincapié en estas franjas de edad, porque así evitaremos depresiones que se cronifiquen ya de mayores. Los padres deben estar alerta y no tener prejuicios para acudir a los servicios de salud mental para niños y adolescentes, las llamadas Unidades de Salud Mental Infanto-Juvenil o USMIJ que existen en todas las comunidades autónomas de nuestro país a través del pediatra que les corresponda. Cualquier cambio brusco de conducta, una tendencia al aislamiento en el colegio, un aumento de la agresividad e irritabilidad, cambios en los hábitos del sueño o de la alimentación, un progresivo deterioro del rendimiento escolar, un cambio general en los hábitos sociales en la adolescencia, pueden significar una depresión larvada que debemos detectar cuanto antes.

Los padres se sienten en ocasiones con el «orgullo herido» y un sentimiento de fracaso ante circunstancias como estas y son reticentes a trasladar a su hijo a los servicios pertinentes pensando que su hijo «no está loco». Nada más lejos de la realidad. La infancia no es, como se ha creído hasta ahora, «un mundo feliz», y en ella también se producen deterioros emocionales graves que cuanto antes se detecten mejor para el porvenir general y la estabilidad emocional del niño.

Por tanto, la depresión se trata y se cura. Existen múltiples recursos, tanto psicológicos como psiquiátricos para ello. Debemos confiar en que la depresión se supera y que podemos volver a la normalidad. Que solo ha sido un túnel negro y largo que hemos tenido que atravesar. Y que se cierren esas páginas oscuras porque, como también decía el escritor y filósofo, Kierkegaard, «la vida se comprende mirando hacia atrás, pero se vive mirando hacia delante».

Por duro que hayan sido los acontecimientos, por grande que fuera nuestro dolor, miremos siempre hacia delante. Porque siempre hay un futuro esperándonos.

«CONSIGUIENDO UN LENGUAJE COMÚN DE TODAS LAS PARTES IMPLICADAS PODEMOS ALCANZAR EL EQUILIBRIO»

Elena Guerrero, psicóloga sanitaria y especialista en Trastorno Límite de Personalidad. Directora del

Gabinete Sincronía y presidenta de la Asociación Océano TLP (Madrid, España)[3]

Me dedico a la Psicología desde hace más de quince años y mi desarrollo profesional ha sido un recorrido de descubrimiento de la enfermedad mental grave que se ha convertido en mi especialidad: el Trastorno Límite de Personalidad. He aprendido a acompañar al ser humano que sufre, a ampliar constantemente las distintas maneras de intervenir y a entender que el proceso terapéutico es un recorrido de dos personas que buscan un mismo lugar de descanso, el sosiego.

> *«Aparece un yo inútil que no puede trabajar, se siente derrotado y solo, muy solo. Carga con él mismo y solo quiere que le cuiden».*

La depresión es una realidad social. Describirla desde la experiencia clínica y las actuales investigaciones supone un reto complejo que ha de ser entendido, no desde lo que es o no es, sino desde una visión continua donde se implican numerosos elementos (heredados, temperamento y contexto). Quedarnos con la visión solo de lo científico o estudiado según cómo se manifieste una depresión puede acercarnos entre profesionales pero nos aleja de la vivencia de la persona que la padece.

Comienzo destacando lo que todavía me sorprende, y es que un profesional de la salud mental haya afirmado recientemente en un periódico público que «la depresión te la provocas tú; solo si te esfuerzas mucho, conseguirás deprimirte». Luego no es de extrañar que fuera del mundo de la Psicología haya una creencia de que las personas que pade-

---

3   Las referencias bibliográficas que proporciona Elena Guerrero se incluyen en Bibliografía/Webgrafía, al final del libro.

cen este desorden «no se esfuerzan lo suficiente, tienen que hacer por y para animarse, etc.».

Si lo pensamos por un momento, «no querer vivir» o «hacer para morir» es tan contrario al instinto de supervivencia del ser humano que experimentar esa realidad del alma no puede ser (o no se puede interpretar) algo tan trivial como «tú puedes y si no lo haces es porque no quieres».

Con esto ya aparecen dos aspectos cruciales a la hora de abordar una depresión: por un lado el entendimiento, conocimiento o psicoeducación de la enfermedad, y por otro el apoyo del entorno de una persona con depresión.

Queda demostrado en diferentes estudios longitudinales (observación a lo largo de los años) e investigación continuada, que nos encontramos ante una realidad social que seguro que no nos es tan ajena, y probablemente la hayamos tenido muy próxima a nosotros en un amigo, familiar o conocido.

Hablamos de una enfermedad que puede llegar a matar y a discapacitar. De ahí la importancia de la detección precoz y prevención. Porque la depresión también existe en la infancia y en la adolescencia, y en estos casos la manifestación clínica difiere de la edad adulta. En el caso de niños entre ocho y doce años nos damos cuenta de que presentan un estado de ánimo inestable, se preocupan excesivamente, en ocasiones de manera rumiativa[22], presentan problemas somáticos, son niños miedosos, dependientes y, sin dejar de lado la vulnerabilidad genética y hereditaria, en un alto porcentaje la manifestación sintomática está relacionada con conflictos familiares, abuso o acoso escolar.

En la población adolescente se puede notar una mayor irritabilidad, problemas de conducta, consumo de drogas, fracaso escolar... En estos casos, la apariencia depresiva no es el único criterio para diagnosticarlo como depresión. Hay que tener en cuenta otros elementos como las verbalizaciones de desesperanza y la falta de capacidad para disfrutar de lo que hacen, además de manifestaciones somáticas relacionadas con la alimentación, síntomas de gastritis, tendencias a la hipertensión arterial, fatiga mental o incapacidad para concentrarse.

También ocurre en la población geriátrica, donde la prevalencia de síntomas depresivos es alta. En ellos la ansiedad y la somatización son los síntomas dominantes. La depresión en el anciano adulto está asociada al síndrome de fragilidad propuesto por Fried y sus colaboradores, el cual define la fragilidad como un síndrome biológico producto de la disminución de la homeostasis[23] y de la resistencia al estrés, que además incrementa la vulnerabilidad y el riesgo de resultados negativos como son la progresión de una enfermedad, las caídas, la discapacidad o la muerte prematura. El agotamiento, la pérdida de peso, el enlentecimiento y la disminución de las actividades son características (Aguilar-Navarro S., Ávila-Funesa J.A., 2007).

Retomando la población infanto-juvenil, un estudio sobre la prevalencia de desórdenes afectivos con una muestra de 300 niños de entre ocho y doce años concluye que las alteraciones de las emociones, un 32% de la muestra, están relacionadas con inestabilidad del estado de ánimo, obsesiones, problemas somáticos, nerviosismo, inseguridad, miedos, fobias, tristeza, apatía, disforia[24], inquietud, tensión, preocupación y culpabilidad, entre otros síntomas, y generalmente están relacionados con conflictos familiares, abuso o acoso escolar.

En los estudios sobre la adolescencia, las personas que sufren depresiones durante esta etapa y tienden a desarrollar problemas psiquiátricos durante su adultez temprana se han caracterizado por ser jóvenes que presentan episodios depresivos más severos, es decir, de mayor duración, con múltiples episodios, mayor número de síntomas e intentos de suicidio. En general, estos casos se caracterizan por elevados niveles de estrés, conflicto y dependencia interpersonal. En algunos casos las manifestaciones sintomáticas ya aparecen en la infancia y se agravan en la pubertad. Sin embargo, dichas manifestaciones difieren con respecto a los adultos, que en muchos casos presentan problemas de irritabilidad o de conducta.

Por ejemplo, la tristeza como tal es una emoción primaria que el ser humano y los mamíferos superiores están predispuestos biológicamente a sentir. Charles Darwin hablaba de emociones innatas que no varían según su origen étnico o cultural. No hay duelo sin tristeza, porque si fuera así nos encontraríamos ante el proceso de negación emocional que puede formar parte de un duelo más complejo. Cuando hablamos de duelo nos referimos a la pérdida de algo importante para nosotros, un proceso necesario y evolutivo de superación de una pérdida. En lo que se refiere a la depresión, la tristeza es solo uno de los síntomas del síndrome depresivo, ciertamente uno de los más importantes, pero no suficiente ni necesario para considerar que alguien tiene un cuadro depresivo (López Ibor, M. I. 2007).

Trazando algo más, V. Peralta y M.J. Cuesta, en un artículo de psicopatología y clasificación de los trastornos depresivos diferencian de una forma bastante esclarecedora la tristeza patológica de la normal. Suponen que ambas son fenómenos psíquicos muy distintos. La tristeza patológica la vinculan más a un estado de ánimo: es un estado afectivo de carácter relativamente autónomo y duradero. Es, por lo tanto, un modo de experiencia total que afecta primariamente a la percepción del propio yo y secundariamente a la experiencia del mundo que rodea a la persona. Los sentimientos constituyen vivencias muy variables, que en su concepción más habitual son de naturaleza psicológica (pena, alegría, ira, rabia, frustración), aunque no exclusivamente.

Estos autores subrayan algunas diferencias más entre estado de ánimo y sentimientos:

ESTADO DE ÁNIMO	SENTIMIENTOS
Es relativamente autónomo del ambiente exterior y muchas veces comienza y termina sin motivo aparente	Están unidos a las circunstancias vitales, y tienen un comienzo y final manifiesto y claro
El humor posee profundidad al estar anclado en la personalidad	Comportan una respuesta ante un acontecimiento
Está fuera del alcance de la voluntad y carece de intencionalidad	Están dirigidos intencionalmente
Es una experiencia básica que no está mediada por procesos psicológicos donde raramente coexisten distintos estados anímicos simultáneamente	Pueden coexistir distintos sentimientos a la vez

Fuente: V. Peralta, M.J. Cuesta. Psicopatología y clasificación de los trastornos depresivos. ANALES Sis San Navarra 2002; 25 (Supl. 3): 7-20.

Por lo tanto, la tristeza patológica y la normal cualitativamente son diferentes; la primera en muchas ocasiones es de carácter más difuso, puesto que sus manifestaciones son contrarias a lo que habitualmente una persona pueda imaginar; esto es, dificultad para expresar los sentimientos, no sentirse triste por un acontecimiento concreto y sentirse culpable por ello, sentimiento de incomprensión por parte de su entorno.

Luego no es lo mismo el diagnóstico de una «depresión», susceptible de ser tratada con psicoterapia, que otra con el mismo nombre y susceptible de ser afrontada con tratamientos biológicos (V. Peralta, M.J. Cuesta, 2002), siempre teniendo en cuenta el carácter dimensional, es decir, el grado, intensidad y duración así como la comprensión holística (la comprensión total del individuo) del cuadro. Desde mi orientación personal, hay tantos modos de expresión del dolor como individuos y cada uno es merecedor de ser contemplado como un ser único.

Causas de la depresión

Con respecto al origen de la depresión, la evidencia, si bien es limitada, sugiere que los factores genéticos influyen parcialmente en el riesgo total de enfermar y también en la sensibilidad de los individuos a los efectos depresógenos[25] de un ambiente adverso (Carol Montes, 2004). Respecto a los factores biológicos, se sabe que intervienen alteraciones a nivel de neurotransmisores, citoquinas[26] y hormonas, además de modificaciones en los sistemas nervioso, inmunológico y endocrino, o reducción del número de transportadores de serotonina en linfocitos de sangre periférica de pacientes deprimidos. Esto demuestra una relación directa entre la serotonina y el sistema inmunológico en este trastorno afectivo (Carol Montes, 2004).

Estudios familiares recientes han revelado que los familiares de primer grado (padres, hijos, hermanos) de sujetos con trastorno depresivo mayor tienen alrededor de tres veces más probabilidades de enfermar de depresión que la población general. No obstante, los estudios familiares por sí mismos no pueden establecer cuánto del riesgo proviene de factores genéticos y cuánto del ambiente familiar compartido. La heredabilidad de la depresión mayor se estima entre un 31 a 42%, aunque puede ser mayor en algunos subtipos de depresión, tal como la depresión recurrente.

En cuanto a los factores psicosociales, los individuos con un elevado riesgo familiar de sufrir depresión mayor tienden a tener episodios recurrentes, elevados niveles de incapacidad durante los episodios y probablemente una edad de comienzo menor. Hay varios factores de riesgo que muestran consistencia en su asociación con el trastorno depresivo mayor y que pueden jugar un papel causal: género, eventos vitales estresantes, experiencias infantiles adversas (Hernán Silva, 2002).

Dicho en otras palabras, en muchos casos la carga o herencia genética tiene un peso importante en el desarrollo de una depresión mayor, pero como en cualquier tipo de vulnerabilidad, bien psicológica, bien física, la corriente influye a favor o en contra. Esto es, el entorno o contexto social en que vivimos, los apoyos familiares e institucionales y lo más importante, el individuo en sí mismo. Porque, ¿para una persona que padece una depresión mayor, cuidar los factores de protección garantiza superar la enfermedad? No si es crónica. Pero ¿qué sabemos hoy en día de la neurociencia, de la neuroplasticidad[27] neuronal, o sea, la capacidad del sistema nervioso para cambiar? Y a su vez, ¿cuáles son los factores que influyen en que una persona pueda tener una depresión por un motivo vital externo? ¿Qué nos diferencia en cuanto a resiliencia a unas personas de otras? Inquietudes que nos podemos plantear desde la «tensión» de poder encontrar la respuesta, aunque no siempre sea todo lo definible que quisiéramos.

Podemos concluir entonces que la valoración de un proceso depresivo es como navegar por un mar de causas que vienen dadas desde que nacemos, que salen a la luz quizás cuando llega una tormenta y el barco se tambalea sin poder coger un rumbo fijo. Se pierde la orientación, el barco se rinde ante el oleaje y, cuando llega la calma, hay un motor que no funciona igual y todo va a depender de lo cercana que esté la orilla para poder anclar, evaluar los daños y poder repararlos.

¿Cuál es la relación entre depresión y suicidio?

«Todo acaba en un solo acto. La presión, el vacío, un sentimiento indescriptible, el sentimiento de soledad, la exigencia constante donde nada es suficiente».

La apoptosis es un concepto utilizado para denominar la muerte de neuronas a causa de un programa genético de suicidio neuronal. Es decir, cuando una neurona ve que no puede cumplir su función se suicida. Esta analogía me sirve para introducir la relación directa que hay entre la desesperanza, o la idea de no tener una función vital en la vida (simplemente no hay salida ni para uno mismo ni para los demás), y esta noción del mundo y de uno mismo irreversible.

«No importa lo que sabes, se impone lo que sientes; bloqueados en un lugar oscuro, la percepción de las cosas se estrecha».

Ninguna señal de intento suicida debe ser infravalorada, bien sea un intento impulsivo, bien planificado. Cualquier intento de «llamada de atención», como muchas veces se define a una acción suicida o autolesiva, está cumpliendo una función, una forma de gestión emocional inadaptada que en ese instante la persona no sabe o no puede resolver de otra manera.

Aludiendo a la población juvenil, creo que sería un buen motivo de discusión la repercusión de los cambios sociales vertiginosos que se están dando en el momento actual. Nos empuja a un sistema de crianza que no termina de ayudar a nuestros jóvenes a desarrollar estructuras internas fuertes que sostengan situaciones de estrés, presión y tolerancia a la frustración. La inmediatez de refuerzo narcisista de las redes sociales que incita a los jóvenes a no asumir las dificultades cotidianas también es un factor precipitante, donde van apareciendo trastornos más rápidamente de lo que a los profesionales nos da tiempo estudiar.

Respecto a la conducta suicida, no son aleatorias las campañas de prevención que hoy en día comienzan a aparecer en los medios de comunicación y en redes sociales. Los datos hablan, y eso que los datos no siempre son todos los que aparecen. El suicidio ha sido la «muerte silenciosa» durante muchos años y afortunadamente ahora está encontrando poco a poco su luz.

El Trastorno Límite de Personalidad (TLP), que ha sido mi foco de trabajo y estudio durante muchos años, guarda una gran conexión con la depresión y el suicidio, por lo que es importante dedicar a ello un pequeño lugar en este libro, que resumo a continuación.

Quizás, antes de hablar de un trastorno específico de personalidad, tendríamos que preguntarnos qué es la personalidad: «La personalidad no es solo lo que hace que cada persona sea esa persona, sino lo que hace a cada persona distinta a las demás» (Theodore Millon, psicólogo estadounidense pionero de la investigación sobre la personalidad). Un trastorno de personalidad lo podríamos definir como un patrón recurrente de manifestación de rasgos que interfiere en la vida cotidiana y no nos permite desarrollar un proceso vital en las áreas importantes de la vida. Todos tenemos esos rasgos marcados que nos diferencian, que incluso nos molestan y nos dificultan de manera fundamental las relaciones personales, pero la clave está en la capacidad de autorregulación. No es tanto lo que siento, sino la habilidad de autorregular eso que siento.

En el caso del Trastorno Límite de Personalidad existe un problema nuclear de falta de identidad.

El concepto de identidad implica la autodefinición de la persona ante el otro, ante la sociedad, ante los valores. Se refiere básicamente a la imagen psicológica que el individuo tiene de sí mismo, aunque también tiene connotaciones psicosociales (autoconciencia de la identidad propia) y cognitivos (juicio sobre sí mismo) (A. Fierro, 1997). El desarrollo de la identidad, de sentir un yo lo suficientemente bueno, está íntimamente relacionado con las primeras relaciones de apego. En el Trastorno Límite de Personalidad hay una ausencia de identidad, de definición de uno mismo, que provoca un vacío indescriptible y un yo tan frágil que ante las exigencias externas, fundamentalmente interpersonales, las personas que lo padecen no son capaces de autorregularse emocionalmente. Son personas que manifiestan una alta sensibilidad al rechazo, al abandono y que presentan una alta inestabilidad en las relaciones, en la autoimagen y en la afectividad. Manifiestan una alta impulsividad e intensidad afectiva. Se mueven entre la disforia, la ira y la angustia, y tienen una importante prevalencia de autolesión y suicidio.

«O siento un dolor indescriptible o me vengo arriba. Cuando estoy en el dolor, solo me invade la soledad, el vacío y no me quiero levantar de la cama, quiero desaparecer. Pero cuando estoy arriba me convierto en alguien que no reconozco, la más sociable, la más divertida, superficial porque no quiero crear vínculos estrechos... Antes de que

me abandonen, abandono yo... En realidad no sé hacia dónde debería ir, cómo me tengo que comportar y cómo debería estar».

El TLP presenta una alta comorbilidad (presencia de uno o más trastornos además del trastorno primario) con otros trastornos, siendo los más comunes el Trastorno de Estados de Ánimo (depresión), Trastornos de Ansiedad, Trastorno de Abuso de sustancia y Trastornos de Alimentación.

En su complejidad, es un trastorno difícil de diagnosticar en muchos casos por su solapamiento con los síntomas de otros trastornos que en el momento evolutivo de la enfermedad adquieren más prioridad, como pueden ser los síntomas depresivos. El estado depresivo constituye un factor clave en el TLP, y en comparación con los pacientes que solo tienen un trastorno depresivo, estos padecen más inestabilidad afectiva, mayor intensidad vivencial de los síntomas depresivos, mayores niveles de autocrítica y vergüenza, y mayor focalización en el miedo y abandono. También se incrementan las lesiones y los intentos de suicidio. *El lenguaje del dolor,* lo titula muy acertadamente Dolores Mosquera (experta reconocida en el Trastorno Límite de Personalidad); es un libro que recomiendo para aquellos que quieran profundizar en la autolesión como expresión no verbal del dolor, como forma de sentir algo ante el vacío o como forma de castigo, e incluso en algunos casos, como forma de evitar el suicidio.

¿Cuál es el tratamiento más adecuado para la depresión?

Empezaría con el clásico, «cada maestrillo con su librillo». Y añadiría un texto del prestigioso psicoterapeuta y profesor Elvin Semrad: «La mayor parte del sufrimiento humano está relacionado con el amor y la pérdida. Y el trabajo de un terapeuta es ayudar a reconocer, experimentar y soportar la realidad de la vida, con todos los placeres y sufrimientos. La principal fuente de sufrimiento es lo que nos contamos a nosotros mismos, invitándonos a ser honestos con cada faceta de nuestra experiencia». El psicoanalista John Bowlby también nos decía que la psicoterapia supone estar en el lugar donde el paciente puede pensar lo que se supone que no puede pensar y sentir lo que se supone que no debe sentir.

Hoy en día son muchos los tipos de intervenciones que pueden aplicarse a la enfermedad mental y en concreto a la depresión. La bibliografía está llena de investigaciones sobre la eficacia de los distintos tipos de tratamiento, pero la realidad clínica es otra.

Generalmente, las primeras visitas son a Atención Primaria [en adelante AP]. Como hemos mencionado, la depresión está muy ligada a síntomas físicos y el paciente acude a la AP sin hacer una atribución a problemas emocionales. En este sentido, algunos autores han mostrado cómo la probabilidad de presentar síntomas de dolor muscular, de cabeza o estómago es de 4 a 7 veces mayor en aquellos pacientes diagnosticados de depresión. Por tanto, la realización de un diagnóstico correcto no siempre es sencilla. (Cano Vindel, Antonio, Salguero, José Martín, Mae Wood, Cristina, Dongil, Esperanza, Latorre, José Miguel, 2012). En muchos casos nos vamos a encontrar con un infradiagnóstico o un supradiagnóstico de la depresión. La correcta identificación de la sintomatología en AP, y más en edades tempranas, permite tomar las decisiones oportunas así como la concienciación de la prevención, cada vez más necesaria. Por suerte cada vez se crean más programas preventivos enfocados no solamente a una identificación precoz de problemas psicológicos, sino a una psicoeducación para el desarrollo de estrategias de afrontamiento adecuadas.

En la depresión, fundamentalmente en la depresión grave, la combinación tanto del tratamiento psicológico como farmacológico parece que da buenos resultados, aunque cada vez son más los psiquiatras que critican la sobremedicación a estos pacientes y apuestan por una medicina más alternativa, y sobre todo por un apoyo terapéutico.

Si hablamos de los tratamientos para la depresión, aunque en la bibliografía se habla de la mayor o menor eficacia de los distintos tipos de técnicas, lo cierto es que la manifestación depresiva exige aumentar progresivamente la actividad e ir recuperando la motivación. Es clave poder centrar la mente en el aquí y el ahora, por ejemplo mediante técnicas de meditación, intentando que los pensamientos repetitivos y negativos no interfieran en la vida cotidiana, además del reconocimiento y la aceptación de los síntomas de la enfermedad como parte del proceso, pero sin perder el valor de lo que realmente importa. Tal y como asume la Terapia de Aceptación y Compromiso[28]: «no eres tú quien no funciona, sino tu estrategia para resolverlo».

Es por ello que tratamientos que se han demostrado más eficaces para la depresión incluyen también el *mindfulness* o técnicas de atención plena cuyo objetivo es llevar a la persona al momento presente, aceptando todo lo que ocurra en uno mismo en mente, cuerpo y emoción. O bien estar atento plenamente a cada cosa que hago a lo largo del día (elegir algunos minutos al día para ejercitar la atención plena). Otras terapias que se proponen son la Terapia Cognitivo Conductual; Terapia de Activación Conductual y Terapias de Tercera Generación (Terapia de Aceptación y Compromiso).

Yo siempre digo que el lugar de la terapia es un lugar de encuentro con uno mismo entre dos personas, porque incluso el profesional médico ha de enfrentarse a su propio espejo cuando se encuentra frente a un paciente. Cuando trabajo con esta tipología de pacientes me doy cuenta de que la intervención –entendida como la aplicación de la técnica– no siempre es lo prioritario. La persona que acude a buscar ayuda tiene que hablar de sus sentimientos más profundos, vomitar sus pensamientos más prohibidos (la ideación suicida entre otros), y yo siento que solo tengo que estar presente (en mayúsculas) y validar el sufrimiento y recogerlo con la calidez que en ese momento puedo dar. Crear un espacio de vínculo seguro es terapéutico. Que el paciente se sienta aceptado es un consuelo en sí mismo y es el mejor comienzo para un proceso terapéutico. Una posición demasiado directiva al comienzo de la terapia crea dificultades en la adherencia al tratamiento y los pacientes comienzan a no ser puntuales en las sesiones, y anulan con frecuencia hasta que abandonan el tratamiento creando así expectativas negativas en la eficacia de una intervención psicológica. Tenemos que tener en cuenta que muchos de estos pacientes vienen de un largo recorrido profesional donde han probado y experimentado muchos tipos de intervenciones con pésimos resultados porque la depresión es una enfermedad dura, de tratamientos largos; y no lo olvidemos, de desesperanza. Es decir, no hay esperanza para seguir... pero si aún así lo vuelven a intentar, vuelven a buscar ayuda, no podemos caer en el reduccionismo de la técnica.

La Psicología también es un proceso creativo y, desde mi experiencia clínica, la apertura a la creatividad intuyendo al paciente como individuo y lo que necesita en cada momento es ya una forma de terapia.

¿Cómo afecta a la familia convivir con una persona con una enfermedad mental y con la depresión en particular?

Son muchas las recomendaciones a los familiares de lo que han o no han de hacer o decir a una persona con depresión; sin embargo no podemos obviar cómo la enfermedad les afecta de forma directa, el impacto que tiene sobre ellos en sus rutinas, economía, aislamiento social... y en las reacciones emocionales que aparecen como tristeza, sentimientos de pérdida, culpa y en algunos casos vergüenza, así como preocupación por el futuro. Además de lo anterior, la dificultad de comunicarse adecuadamente con la persona que padece la enfermedad y el síndrome de *burnout*[29], que también puede generar síntomas depresivos en el familiar. De ahí la importancia de que encuentren un apoyo por parte de los profesionales y sobre todo un entendimiento de lo que realmente le ocurre a su ser querido. Mucho de lo que demandan los familiares cuando se encuentran con una enfermedad mental es saber cómo actuar para no dañar, pero no siempre les es fácil porque ellos también «sienten». Y necesitan tiempo y ayuda para llevar bien esa situación. Salir de la negación y aprender a aceptar y gestionar sus propias emociones, que a veces rechazan al etiquetarlas como «no prioritarias» o «inaceptables», así como entender que también es un camino de largo recorrido y han de adquirir las habilidades de afrontamiento necesarias para el cuidado del otro que sufre y para el autocuidado del «Yo» que también sufre.

Mi recomendación al respecto es un libro muy instructivo titulado *La familia del enfermo mental, la otra cara de la Psiquiatría,* escrito por Vicente Gradillas.

La terapia en definitiva ha de comprenderse como búsqueda de bienestar, entendida no tanto como la ausencia de sufrimiento, sino como la capacidad de adquirir una estabilidad, un aprendizaje de autocuidado, el conocimiento, la empatía y la escucha comprensiva por parte de los profesionales, los cuales también han de tomar conciencia de la necesidad de su propio autocuidado.

La depresión es un trastorno difícil con muchas partes implicadas, cada una con una necesidad propia. Pero consiguiendo un «lenguaje común» de entendimiento podemos lograr el equilibrio que permita a la persona que padece esta enfermedad tener un sentido vital, un sentimiento de vida plena para continuar, para seguir adelante.

«LA ACCIÓN ORIENTADA A LA INTEGRIDAD ES EL MEJOR ANTÍDOTO PARA LA TRISTEZA CRÓNICA Y PARA LA DEPRESIÓN»

Dr. Miguel Ángel Velázquez, psicólogo y *coach* ontológico, director del Centro de Investigación en Valores CIVSEM - Fundación Tomás Pascual y Pilar Gómez-Cuétara (Madrid, España)

Para entender la depresión debemos comenzar por tomar consciencia del mecanismo y funcionamiento de las emociones en nuestro organismo y cómo, de forma global, estas están al servicio del bienestar del individuo y su conservación.

La emoción, sea cual sea, se orienta a la supervivencia de la persona, a satisfacer necesidades de adaptación al medio y a regular el equilibrio interno. Es una reacción del organismo que mueve a la acción para que alguien se alinee y se produzca coherencia entre todos sus procesos internos –cognitivos, emocionales y corporales– y su forma de vida, traducida en comportamientos y conductas. El resultado de la acción aporta información al individuo, que lo interpreta de acuerdo a su propia valoración y juicios internos.

En el entorno social actual, donde las emociones adquieren más relevancia que nunca, parece que se ha instalado la creencia de que hay emociones buenas o malas, entendiendo la emoción como algo sobrevenido que en muchos casos nos gustaría hacer desaparecer de nuestras vidas. «No quiero sentir esta tristeza», «me gustaría quitarme el miedo»… y otras muchas expresiones que dan a entender que las emociones son un estorbo en la vida de los individuos y ajenas a ella.

Lo cierto es que la emoción da cuenta de lo que está ocurriendo, es la expresión manifiesta de lo que pasa en el interior de la persona. A través de las emociones el organismo busca regularse y adaptarse a las necesidades con las que se va encontrando.

Así pues, el miedo viene a resolver una carencia que la persona, consciente o inconscientemente, está acusando. La carencia tiene que ver con la sensación interna de falta de recursos para enfrentarse a una determinada situación. Esto la pone en estado de peligro, interpretado desde los procesos cognitivos y experimentado en las sensaciones corporales. El miedo pasa a ser la evidencia de lo que está pasando, de que el individuo se siente inseguro en una determinada situación.

Y la emoción aparece con la intención de convertirse en acción. Es una alerta que mueve al organismo para que, desde su propia sabiduría y echando mano de sus propios recursos, tome acciones que le permitan abordar el reto o la situación problemática. Y es también un aviso para la persona que recibe información de sí misma, para tomar consciencia de que ante determinadas situaciones experimenta carencias que pueden ser solventadas con la toma de decisiones y acciones encaminadas a cubrir el hueco que provoca esa sensación.

Entendidas así, las emociones son sensaciones corporales que dan cuenta de los procesamientos que están ocurriendo cognitivamente en el individuo en relación con las vivencias internas o las situaciones que le afectan. Le ponen en disposición de hacer algo para abordar y tomar medidas respecto a lo que está ocurriendo en su vida, tanto a nivel interno como externo. Se viven en el cuerpo y desaparecen cuando se resuelve la situación que generan.

Las emociones pueden pasar a afectar con menor intensidad en la medida que el pensamiento las disimule o las niegue, y parece que de esa forma podrían llegar a desaparecer. Esto ocurre en la fase siguiente a la vivencia emocional por parte del cuerpo. Es el momento en que el cerebro procesa lo que está ocurriendo y lo vive como sentimiento. Se interpreta la emoción registrada por el organismo y se le pone nombre, se le atribuyen características de positividad o negatividad en función de los juicios de cada uno. Habrá personas que se permitan reconocerla o no, y en muchos casos, a través de la cognición, la persona cambiará el sentido de la emoción para hacer parecer que es otra diferente o que no existió. En cada caso aparecerán las acciones correspondientes al permiso que el individuo se dé para vivir o no lo que la emoción demanda.

Muchas veces, ante una pérdida la persona experimenta una tremenda tristeza, pero su lenguaje la niega para no vivirla, para no hacerse cargo de ella. La tristeza no desaparece, pero el individuo al negarla parece que hizo desaparecer la emoción. No es así; lo que hizo fue bloquearla e impedir el proceso necesario para comenzar el camino de recuperación y adaptación a la nueva situación con la que tendrá que convivir tras la ausencia generada.

Así pues, las emociones no se controlan; podemos engañarnos negando su existencia, pero si no cambia nada, aunque la persona logre no sentirlas, lo que habrá ocurrido es que se habrán bloqueado y se mantendrán en el cuerpo como una digestión que no se hizo, de forma que seguirán ahí hasta que se tomen medidas que permitan procesarlas, asumirlas y que desempeñen el papel que vinieron a cumplir. De lo contrario será el cuerpo el que se hará eco de su presencia sin que se tenga conciencia de su existencia.

En este punto, la emoción no procesada y no vivida se arraiga en el cuerpo y modifica su funcionamiento interno. Ese debe hacer un esfuerzo especial para satisfacer la necesidad que la persona no se permite asumir. Irá dando señales cognitivas o corporales que se irán manifestando y podrían resultar en alertas internas si se les presta atención. Pero en la mayoría de los casos la escucha a uno mismo no se lleva a cabo y el proceso corporal va haciendo su efecto hasta que llega a distorsionar algunos mecanismos y se genera la enfermedad como forma de adaptación a lo que no se escuchó y a lo que uno no se permitió. Es el efecto de sobrevivir sin haberse permitido experimentar lo que era una necesidad. Esto va dando lugar a disfunciones orgánicas que se irán convirtiendo en enfermedades psicosomáticas.

La forma de que esto no ocurra es la conexión entre emoción y sentimiento, no negar nada de lo que las emociones transmiten a través de nuestro cuerpo, escuchar y tomar acción coherente con su mensaje. Es aprender a respetarnos a nosotros mismos respecto a las propias necesidades y actuar en consecuencia.

¿Cuál es el gran mensaje de la tristeza?

Se experimenta la emoción de la tristeza cuando el individuo pierde algo significativo que aporta sentido a su vida. Pero también ocurre en los casos en los que se anticipa, se genera la expectativa o se tiene la conciencia de estar perdiendo algo. La vivencia de la tristeza es más o menos intensa en función de la importancia atribuida y la medida en la que el equilibrio de la persona dependía de aquello que desaparece.

Una razón poderosa por la que uno se pone triste es la pérdida de seres queridos, de la salud, el trabajo y muchas otras cosas relevantes para cada uno. Se trata de aspectos importantes que forman parte de nuestra vida, que en algunos casos nos constituyen y en los que reposa nuestro equilibrio personal.

La tristeza tira de la persona hacia adentro, al ensimismamiento y a la protección para hacer frente a la situación dolorosa. Se trata de irse recomponiendo y adaptando a una nueva vida en la que ya no está lo que se perdió. Esto da lugar a un proceso más o menos largo de duelo, de recuperación, que tendrá que ver con la importancia que la pérdida tiene para el individuo.

Es un proceso de depuración ineludible por el que es necesario pasar para lograr recuperarse. En la medida en que se permite a la emoción estar presente, con su contenido y vivencia de dolor, poco a poco va remitiendo hasta que llega un punto en que el organismo, ya rehecho, no necesita esa emoción y la sustituye por otra más adaptativa y en consonancia con lo que requiera el momento vital del individuo. Quizá vuelva a aparecer cuando se produzca el recuerdo, pero ya será de forma más asumible y tierna.

Es posible que ocurran dos variedades menos sanas en el proceso de recuperación o duelo: la primera consiste en negar cognitivamente la emoción; no me pasa nada y estoy bien. La segunda es alargar el proceso emocional para forzar inconscientemente el estar mal.

En el primer caso, el individuo no se permite la tristeza, quizá porque está asociada a la idea de debilidad o a algún atributo poco deseable de su aprendizaje. Por esta razón se niega la emoción cuando esta se transforma en sentimiento. La parte cognitiva no le permite sentirse triste y bloquea el proceso emocional. Esto requiere forzar y contravenir el fluir natural de las necesidades de recuperación del equilibrio. El entorno social suele interpretarlo como fortaleza, negando la vulnerabilidad, y en muchos casos, exige y celebra que la persona siga este camino. El cuerpo frenará los mecanismos de adaptación a la nueva situación y no resolverá de forma sana la pérdida ocurrida. La emoción volverá a aparecer para sanar la situación y, si no se le permite, quedará estancada de forma residual.

En el segundo caso la persona alarga su tristeza o fuerza para que esta aparezca en determinadas situaciones con el fin de sentirse bien. Esto responde a juicios del tipo «si no estoy triste es porque no me importaba lo suficiente». Terminar con la tristeza significaría traicionar lo que se ha perdido. De forma simultánea, en ciertos casos se busca y se obtiene con éxito un reforzamiento por la atención que recibe la persona triste del entorno que la rodea. Se convierte en una forma de hacerse notar y pedir atención. En ambos casos se genera un victimismo por la pérdida que se prolonga en el tiempo y se constituye en zona de confort.

Es inevitable que haya pérdidas en nuestro entorno que nos afecten de forma significativa. La evolución natural de la vida va dando lugar a que haya elementos que salgan y otros entren a formar parte de ella. Es lógico que esta emoción aparezca como consecuencia del proceso natural que supone vivir y adaptarse al mundo. Y en la misma medida es sano aprender a convivir con ella y permitirle estar, sabiendo que es regeneradora y sanadora.

Otra razón muy poderosa por la que aparece la tristeza es debido a las pérdidas que generamos con las renuncias de lo que es importante para cada uno. Vivimos en un sistema que nos condiciona a ser lo que se espera de nosotros más que a vivir de acuerdo con la identificación con uno mismo y en coherencia con nuestros dones, recursos, talentos y posibilidades.

En la construcción de nuestra vida, de la que forman parte la educación recibida y los aprendizajes incorporados, se han incluido muchos «debes». Esto da lugar a una vida a merced de un entorno que estandariza y entiende que las personas han de hacer aquello que está bien, que es correcto, que está bien visto, que conduce al éxito... Son muchos los juicios que nos impiden explorar los recursos y características propias y vivir de acuerdo con las posibilidades que con ellas se podrían abrir.

Por eso no es extraño que las personas renuncien con mucha frecuencia a sí mismas, a sus posibilidades, a sus convicciones, a lo que consciente o inconscientemente daría sentido a sus vidas.

La integridad –en el sentido de la coherencia de los pasos que se dan en la vida con los objetivos que son importantes para cada uno– en muchos casos se sustituye por la necesidad de ser fiel a un sistema que tiene puestas unas determinadas expectativas en el individuo, que no sabe salirse de ellas y termina por someterse a él. Y esto supone una enorme pérdida, muy profunda, que acusa nuestro organismo y genera tristeza. En muchos casos no somos conscientes de dónde viene, pero la inconsistencia e incoherencia de los pasos que se dan con los deseos de ser y construirse de una determinada manera es una de las razones más fuertes por las que se produce la tristeza profunda.

En el fondo de cada uno subyace la necesidad de amarse profundamente, de ser en plenitud, de respetarse y aparecer con toda la intensidad de los recursos y posibilidades que se identifican en la mirada interior. La negación de nosotros mismos conduce a una tremenda renuncia que se erige en pérdida y no reviste ningún tipo de amor a uno mismo, por lo que se pierde la autoestima y aparece la sensación de fracaso y de misión incumplida.

Este fracaso se genera día a día cuando las decisiones que se toman y los pasos que se dan no son fieles al deseo profundo del ser, cuando la construcción que hacemos de nosotros mismos no se dirige en la dirección que nos da sentido, en cuyo caso aparece la consistencia personal, el orgullo por ser uno mismo a través de la acción, los resultados y mostrar como nos sentimos.

La tristeza profunda como indicador del sentido de la vida

Cuando se pierde lo que da sentido a la persona –y lo más profundo es uno mismo y su razón para vivir–, la tristeza aflora y se instala de forma permanente. No hay motivación para continuar, para qué si a pesar de la acción no hay sensación de identificación, de ser uno mismo, de quererse y respetarse.

Son muchas las personas que no han descubierto que ellas son lo más importante de su vida y en su necesidad de responder a las exigencias del entorno se pierden a sí mismas. La tristeza es la mensajera de que esto está ocurriendo. Es la señal de que hay que hacer algo para lograr un estado emocional más satisfactorio, y la respuesta es salir al encuentro de uno mismo y aprender los mecanismos que permiten la identificación, dar pasos en consonancia con el derecho a ser, con los objetivos que motivan, con la vida que cada uno desea y construye para generarse felicidad y orgullo de ser quien puede llegar a ser.

Así la tristeza conecta con lo más profundo de la persona y es el acicate que permite tomar las riendas de la propia vida y comenzar un proceso de liderazgo que conduce a dotar la vida de sentido. Es una señal para replantearse y actuar para descubrirse y emprender el camino del héroe que cada uno lleva dentro. Ese es el inicio de un nuevo proceso y la solución a los casos de tristeza profunda: la búsqueda del encuentro con uno mismo y la forma de rescatarse para lograr la identificación.

Cuando mucha gente busca fármacos para salir de la tristeza, realmente lo que consigue es el adormecimiento de la emoción. Ya no afecta, ya no duele, y así se pierde el mensaje que de forma natural ofrece esta emoción que nos alerta a orientarnos hacia otras formas de vida para convertirnos en personas sabias en relación a la expectativa y necesidades reales que uno se plantea acerca de sí mismo.

La depresión como alteración orgánica producida por el bloqueo y la no escucha de la tristeza

Un organismo sano es capaz de alcanzar niveles muy elevados de tristeza de una forma sana; eso implica que la sensación de pérdida es fuerte y el significado que tenía para la persona daba mucho sentido a su vida. Se trata de tomar consciencia de ello, de la necesidad de permitirse pasar por el estado de duelo hasta que aparezca una reacción que posibilite la aparición de otras emociones distintas sin forzar en ningún sentido, sin provocar el quiero salir ni el quiero permanecer, con consciencia de la necesidad que se está satisfaciendo.

En algunos casos, no permitirse la digestión del duelo, el bloqueo cognitivo, afecta al organismo y altera su flujo natural, dando lugar al desequilibrio orgánico que será la clave para hablar de depresión. Y es muy importante distinguirla de la tristeza, porque en un caso se trata de un proceso natural y en el otro de la retención del mecanismo de adaptación del propio cuerpo y la reacción biológica del mismo ante la imposibilidad de reponerse de forma natural.

Cuando alguien llega a ese estado, diagnosticado por un profesional capacitado, será recomendable el tratamiento psicológico necesario y el uso de fármacos para la reposición orgánica. En ese caso la alteración requiere un tratamiento especializado que evite conductas poco deseables y el dolor emocional generado por el desequilibrio.

El diagnóstico de depresión

Son muchas las personas con las que me encuentro que en algún momento fueron diagnosticadas de depresión. Y un diagnóstico pasa a ser una orden de vida, una forma de percibirse a uno mismo en la que se genera un juicio de enfermedad y la vivencia de algo con características reincidentes y en muchos casos irreversibles.

El peso de las palabras y la influencia de los juicios son elementos decisivos en la forma de vivir. En el primer caso cada palabra contiene unos atributos que aparecen con la utilización de la misma, y en este caso con la aplicación a uno mismo del término. El individuo que se aplica la palabra deprimido pasa a tener unas vivencias globales y generalizadas de depresión en todas sus facetas. En el caso de que alguien viva con la creencia de que está deprimido dará lugar a sensaciones de depresión, desagradables y no deseables, al aislamiento y a todos los comportamientos relativos a la misma.

Si realmente es así y el diagnóstico es certero, habrá que aceptarlo y hacerse cargo de ello. Si no se está seguro, nadie debería precipitarse en catalogar a alguien como deprimido, ya que podría tratarse solo de la experimentación de tristeza profunda. Lo habitual es que el paciente otorgue valor y autoridad al profesional, y en ese caso el diagnóstico se convierte en un estigma que tendrá consecuencias muy relevantes en la vida del individuo.

Aparecerá un tremendo miedo a estar triste, se intentará bloquear la emoción y ya no se podrá sacar partido a su mensaje porque el individuo se verá invadido por el miedo a la sentencia que se le ha declarado. La depresión pasará a ser el centro de su vida; tratará de evitar y salir de todo lo que le pone triste. Si algo le suena a tristeza procurará disimular la emoción y hacer ver que no le altera nada y huirá de sí mismo para no permitirse escuchar a su organismo en ese estado. Todo eso revertirá en más tristeza, menos conexión consigo mismo, menos coherencia interna y más miedo a vivir. Entonces aumentan las posibilidades de la verdadera depresión.

¿Cuál es la mejor forma de prevenir la enfermedad?

La mejor forma de prevenir la depresión es no llegar a ella permitiendo el fluir de la tristeza, permitiéndonos querernos con ella, sabiendo que puede llegar a doler físicamente, pero en la seguridad de que está cumpliendo una función en la vida de la persona. Es lo contrario a la opinión generalizada: si nos queremos con nuestra tristeza, el papel de esta emoción será reparador y dará consistencia a vuestra vida, permitiéndole descubrir el sentido real de la misma y valorar lo que es importante.

A partir del reconocimiento de lo que es importante para la vida, viene la toma de decisiones y la acción. Dar pasos en el sentido de lo que se descubre y se manifiesta como realmente importante en la vida del individuo, aprender a vivir con honestidad, a no negarse a uno mismo y a darse prioridad frente a la opinión de los demás... o a la vida con foco en las exigencias del sistema.

La acción orientada a la integridad es el mejor antídoto para la tristeza crónica y para la depresión. Y en los primeros pasos está la generación de ternura hacia uno mismo, aprender a quererse estando triste y entendiendo que el aprendizaje se deriva de la escucha de uno mismo.

«LA FAMILIA JUEGA UN PAPEL TERAPÉUTICO FUNDAMENTAL»

José María Jiménez, catedrático de filosofía y vicepresidente internacional del Teléfono de la Esperanza

«No me importa saber si esta noche han tenido miedo, no me importa saber si deseaban saber que se evitara el naufragio; ni siquiera si han querido huir, porque no han huido, porque aceptan volver a empezar esta noche. Existen marchas de aves migratorias que se lanzan al océano, cara al viento. Y para su vuelo el océano resulta demasiado amplio; no saben si podrán alcanzar la otra orilla. Pero en su cabecita habitan imágenes del sol y de arenas cálidas que dan alas a este vuelo».
Un sentido a la vida, ANTOINE DE SAINT-ÉXUPÉRY

He conocido gente con depresión con la tristeza asomándose a sus ojos y la desgana por vivir ahogándoles el alma. Faltos de ánimo, con grandes dificultades para afrontar las actividades más livianas, porque desde su postración un grano de arena se les antojaba una escarpada montaña que les era imposible escalar...

La depresión es para mí sin duda una de las experiencias más dolorosas a las que se enfrenta el ser humano. Es como vivir en una especie de zulo sin ventanas al que no llega la luz y en el que el aire escasea. El depresivo tiene la impresión de habitar un mundo sombrío del que parece imposible escapar. Vive su situación como algo irreversible porque no entiende que pueda haber una salida. Nada le parece atractivo, en nada encuentra ilusión, por ningún lado cree vislumbrar el más mínimo aliciente.

He comprobado que el depresivo se siente profundamente solo. Solo y con mucha frecuencia incomprendido ante mensajes que le invitan a poner de su parte y le predican que lo suyo es cuestión de fuerza de voluntad. He comprobado cómo el depresivo se siente huérfano de autoestima y cómo se acrecienta su angustia al hacerse consciente de que la vida junto a él no es fácil para nadie. Se percibe a sí mismo como una fuente de sufrimiento para los demás y con alguna frecuencia fantasea con el suicidio. «Para vivir así, mejor morirse. Descansaría yo y descansarían quienes me rodean».

Estamos, en fin, ante una enfermedad extremadamente dolorosa a la que es preciso combatir con todas las armas que podamos encontrar en las terapias más modernas. El entorno del depresivo juega un papel extremadamente importante para ayudarle a recuperar el equilibrio emocional tan gravemente alterado para, desde la empatía, el respeto y la renuncia a consejos estériles que no está en sus manos seguir, ayudarle a atisbar un rayo de luz allá al final del túnel...

Pero ¿cuándo podemos hablar de que alguien padece realmente una depresión? Las variaciones en los estados de ánimo constituyen un hecho del que todos tenemos experiencia. Nuestras emociones y sentimientos, agradables o desagradables, placenteros o incómodos, se suceden con naturalidad, a veces en muy corto espacio de tiempo. La alegría y la tristeza, por ejemplo, son emociones cotidianas para una gran mayoría de personas sin que la alternancia de vivencias tan contradictorias tenga nada que ver con lo anormal o lo patológico. Únicamente cuando la expresión de tales emociones se extrema diríamos que nos hallamos ante un episodio maníaco-depresivo que requiere tratamiento. Se trata en esos casos de un serio trastorno de la afectividad que provoca un gran sufrimiento a quienes lo padecen y llena de preocupación, desconcierto y angustia a sus amigos, y sobre todo a los familiares con los que convive.

¿Se puede prevenir la depresión?

Parece que la depresión es, nada más y nada menos, que la primera causa de discapacidad laboral en España y, según previsiones de la Organización Mundial de la Salud, los trastornos depresivos llegarán a ocupar en el 2030 el primer lugar entre las causas de enfermedad. Algunos informes alertan de que estamos ante un problema de salud pública más importante incluso que ciertas enfermedades infecciosas como el VIH o la malaria. Y lo cierto es que, de manera más o menos próxima, todos tenemos alguna experiencia de habernos encontrado o tocado convivir con personas que se sienten desdichadas, que se mueven como si llevaran sobre sus espaldas un pesado fardo que a duras penas pueden arrastrar, con una tristeza enroscada en su alma que les impide ver motivos para vivir. Como acabo de decir, cuando esa situación se prolonga en el tiempo estaríamos hablando de depresión.

Pero ¿cómo afrontarla cuando llama a nuestra puerta o lo hace a la de aquellos que nos son más próximos?

Esa es la cuestión a la que debemos enfrentarnos. Tal vez la primera providencia debiera consistir en desprendernos de la visión distorsionada con respecto a la vida en la que solemos incurrir. Tendemos a culpar de nuestras desdichas a factores que ni controlamos, ni podemos controlar, a factores que son absolutamente externos a nosotros mismos: nos deprimimos porque perdemos un empleo, nos sentimos poco valorados, nos cuesta aceptar una pérdida o nos enfrentamos al fracaso de sueños frustrados o expectativas jamás cumplidas. A veces ni siquiera eso. Nos angustia una especie de vacío interior que, sin entender cómo se ha producido, nos deja al borde del abismo del más absoluto sinsentido.

Bueno sería llegar a comprender que la depresión, por más que pueda contar con factores ajenos a uno mismo que la puedan despertar, tiene que ver sobre todo con la temperatura que seamos capaces de mantener en nuestro interior. Si eso es así, la mejor manera de prevenirla sería cultivar ese mundo interior, mirar hacia adentro, ahuyentar, como si de verdaderos fantasmas se tratara, tantas ideas perversas que se nos ofrecen y que aseguran que solo se puede ser feliz cuando en el mundo circundante no hay tormentas, ni arrecian los fríos, ni soplan los vientos... Podemos ser felices si desarrollamos nuestra capacidad de resiliencia frente a la adversidad. Gentes admirables que también están a nuestro lado se convierten en verdaderos modelos por la fortaleza con la que han sabido afrontar las pruebas más devastadoras; hombres y mujeres ejemplares que han comprendido que no es imprescindible que todo nos vaya bien para llegar a ser felices. Así lo enseñan, por cierto, las llamadas Terapias de Tercera Generación, como la llamada «Terapia de la Aceptación y el Compromiso» (ACT). Parten del hecho de que la experiencia sufrimiento-placer ha sido siempre asumida por las más variadas tradiciones religiosas o antropológicas como parte inherente a la vida de cualquier ser humano. Ambas experiencias van inexorablemente ligadas y no se dan la una sin la otra. En consecuencia, el discurso dominante en nuestra sociedad como forma de vida deseable probablemente nos conduzca a un callejón sin salida. «Las reglas que se nos ofrecen inocentemente –aseguran M.C. Luciano y M. Valdivia de la Universidad de Almería– son fórmulas para vivir que nos dicen no a la angustia, no a los recuerdos penosos, no a la tristeza, no a la baja autoestima, no al dolor, etc. Son barreras para vivir». Lo que aconsejan esas fórmulas es «evita cuanto puedas esas miserias, apártalas de la vida en cuanto aparezcan, busca el placer inmediato y elimina rápidamente el menor signo de malestar».

Frente a tan falaz discurso, inevitablemente condenado al fracaso, quizá debamos adiestrarnos desde la misma infancia en la capacidad de mirar hacia nuestro interior para encontrar en él las fortalezas que nos ayuden a aceptar las inevitables frustraciones que acompañan a toda vida humana, el aprendizaje necesario de que placer y dolor, alegría y tristeza, éxito y fracaso, son caras de una misma moneda y, por lo tanto, no nos queda más alternativa que la aceptación de las experiencias difíciles o no queridas. Aceptarlas, gestionarlas maduramente y renunciar a la pretensión imposible de condicionar nuestra felicidad a que todo nos vaya sobre ruedas. Conectar con lo más profundo de nuestro propio ser, mirar más hacia dentro que hacia fuera, escuchar a nuestro yo más profundo sin prestar atención al bullicio aturdidor que nos llega desde el exterior en forma de mensajes engañosos. Poner en definitiva en valor esas fortalezas que, según nos enseñan los grandes maestros de la Psicología positiva, anidan en lo más hondo del alma humana.

La familia juega un rol más que importante en la lucha contra la depresión. Educar a nuestros niños desde su más tierna infancia en una visión realista de la vida, acompañarlos para que sean capaces de aceptar sus aspectos menos placenteros, hacerles comprender que el no cumplimiento de todo lo que deseamos forma parte de las limitaciones de la condición humana es prepararlos para manejar con la máxima destreza posible sentimientos de pérdida o emociones negativas que pudieran conducirlos en algún momento a los aledaños de la depresión. Nadie discute el papel fundamental que la familia está llamada a desempeñar en esta tarea de atemperar los espíritus y prepararlos para hacer frente con madurez a los diversos retos a los que pudieran en algún momento ser sometidos.

El papel que en el desarrollo de los individuos desempeña la familia es fundamental. Es en su seno donde aprendemos los tres aspectos más importantes del comportamiento humano: pensar, actuar, sentir y gozar. Es por eso que el proceder más o menos funcional de la familia resulta clave en la evolución de los humanos. Contar con buenas figuras de apego en los primeros años de la vida y disponer en la adolescencia, cuando la inestabilidad emocional se agudiza, del apoyo, la comprensión, el afecto incondicional y el sentido de orientación de una familia bien estructurada resulta determinante. Fundamental para hacer frente a las manifestaciones depresivas, sentimientos de vacío y tristeza en los que los adolescentes, dada su natural inestabilidad, son proclives a incurrir.

Dicen los entendidos que en los procesos depresivos se producen alteraciones orgánicas y déficit de sustancias químicas que pueden reponerse con el suministro de determinados fármacos. Sin embargo, el comportamiento del entorno familiar no es irrelevante en relación a la aparición y, como destacaré más adelante, en el tratamiento de esa enfermedad. Como ha indicado recientemente I. Revuelta en la revista Salud Mental, «un estilo educativo crítico y culpabilizador favorece la aparición de personalidades apocadas, con escasa autoestima, propensas a la tristeza y a la desconfianza en sí mismos e inclinados a entrar en cuadros depresivos».

También los sucesos estresantes y el modo en que son vividos en el contexto familiar actúan como variables que pueden hacer aflorar la enfermedad en individuos con determinadas predisposiciones orgánicas. Pensemos en el impacto del fallecimiento de personas especialmente significativas, en los efectos, sobre los hijos o sobre alguno de los cónyuges, de separaciones traumáticas, en el nacimiento de un hijo afectado por graves deficiencias, en el aborto, en la experiencia de la jubilación no percibida como oportunidad para cultivar aficiones aparcadas sino como pérdida de rol social, como aviso de decadencia, como certificado de irrelevancia o, aún más, como expresión de la propia inutilidad.

Cómo no destacar también que cuando la familia no es capaz de propiciar afecto y apoyo se convierte en un elemento de desestabilización emocional que puede acarrear penosas consecuencias. La más básica demanda del ser humano, según nos enseñan los psicólogos, quizás sea la de recibir afecto y ternura. La frustración de esa fundamental necesidad constituye en sí misma un factor de riesgo en la aparición de síntomas depresivos.

Que la depresión es una enfermedad extremadamente penosa es algo que testimonian todos cuantos la han sufrido. También quienes, por razones de su profesión, los acompañan en ese doloroso proceso. Dicen los entendidos que el sufrimiento del deprimido es terrible y no comparable a ninguna otra enfermedad. Hasta el extremo, según aseveran, de que todos cambiarían su enfermedad por cualquier otra dolencia. El insufrible tormento que confiesan padecer se pone de relieve cuando se constata que muchos de ellos piensan en la muerte como la salida menos mala o, mejor aún, como una verdadera liberación. Quizá sea esa la mayor tragedia a la que debe hacer frente el deprimido: comprobar que la tristeza que lo paraliza es tan profunda que ha aniquilado lo último que, según reza la sabiduría popular, se pierde: la esperanza. Y, desgraciadamente, no se trata de algo puramente retórico. Según solventes estudios, hasta el 40% de los suicidios van asociados a enfermedades depresivas.

Como se menciona con anterioridad, la familia juega un papel terapéutico fundamental. La importancia que en tales circunstancias adquiere como elemento de contención merece ser destacada. En medio de la experiencia de desconcierto, estrés, y frecuentemente de impotencia ante el sufrimiento en el que se debate la persona querida, la familia se convertirá en un valiosísimo instrumento de ayuda si sabe mantener el temple, controlar la ansiedad y actuar siguiendo las pautas que, de acuerdo a lo que recomiendan los expertos, son las más indicadas en el trato con las personas que adolecen de una grave depresión. Subrayaré algunas de ellas:

1. Ponerlo en manos de profesionales. La depresión es una enfermedad grave. La intervención terapéutica no puede dejarse en manos de aficionados que con consejos inocuos e indicaciones, a veces contraproducentes, creen poder sacar al deprimido del pozo de desolación en el que se siente hundido. El principio de la sanación pasa por persuadirle de que precisa intervención de especialistas en Psiquiatría o en Psicología. Convencerlo no siempre resultará fácil, pero es absolutamente imprescindible. El tacto y la delicadeza con que se realice esa tarea contribuirán a vencer resistencias y superar recelos. En cualquier caso, la familia deberá mostrarse persistente a este respecto, dispuesta siempre a acompañar al enfermo a la consulta médica y no oponerse, si así lo aconsejan los profesionales, a su internamiento.

2. Ayudarle a aceptar la enfermedad. Nadie es culpable de padecer una enfermedad. Cuando esta se instala en una casa, tanto quien la sufre como quienes lo rodean quedan profundamente afectados. Es difícil para la persona enferma aceptar su condición de tal. Tampoco es fácil para el resto de la familia. Sin embargo, el principio de todo proceso terapéutico pasa por asumir esa situación. Hay que reconocer el hecho, aceptar las limitaciones que supone para el enfermo y para su entorno, reevaluar la relación emocional que se mantiene con él, modificar las expectativas que pudieran tenerse y ayudarle a que, tras el natural período de negación, tristeza o rabia acepte lo que no está en sus manos evitar. Si eso se consigue y se mantiene el propósito de colaborar con los expertos en

salud mental, se habrá entrado en la vía que conducirá a aminorar las consecuencias de la enfermedad.

3. Estar a su lado. Quienes nunca hemos experimentado un episodio depresivo tenemos dificultades para entender el grado de sufrimiento, desamparo y pérdida de sentido en que queda sumido el depresivo. No necesita piadosas recomendaciones, ni constantes invitaciones a levantar el ánimo o poner más de su parte. ¡Como si eso fuera algo que dependiera de su voluntad! Necesita personas empáticas que no le juzguen, que le muestren comprensión, sencillamente que sepan estar a su lado.

4. Respetar sus silencios y hacerle llegar que se es consciente de su pesar y se está dispuesto a ayudarle. Disposición a escucharle si quiere hablar, y comprensión y respeto si prefiere guardar silencio. Sin olvidar que la tendencia al aislamiento y la dificultad comunicativa forman parte de la sintomatología del depresivo. Es absurdo presionarlo para que se muestre expansivo o sociable como si eso fuera algo que estuviera a su alcance. Esas actitudes lo tensionan y le hacen sentirse más solo ante la evidencia de que quienes le rodean no parecen percatarse de las limitaciones que le impone su enfermedad y del profundo dolor que las mismas le producen.

5. No pedirle explicaciones. Sencillamente porque no las puede dar. Tampoco él sabe qué le pasa. Exigírselas es una torpeza que le provocará irritación y que reforzará su convicción de no ser entendido. Demandar explicaciones racionales para algo que nada tiene que ver con la razón no es, si se me permite la redundancia, razonable y refuerza al depresivo en su experiencia de profunda so-

ledad. Lope de Vega, que sufrió graves depresiones, dijo: «Si me preguntase a mí mismo qué mal tengo, no sabría responderme por mucho tiempo que lo pensase».

6. Huir de los consejos. Las invitaciones a que se anime, a que ponga de su parte, a que salga, a que se divierta, a que participe en actividades... están condenadas al fracaso. Simplemente porque no está en sus manos seguirlas. Refiriéndose a su experiencia terapéutica, recordaba el Dr. Vallejo Nájera que casi todos los que han padecido una depresión referían pasado el tiempo la angustia que les producían esas consignas dictadas por la buena fe de sus allegados sin entender que el bloqueo que sufre le lleva a ver cualquier tarea, por rutinaria o nimia que parezca, como una carga abrumadora.

7. No presionarlo; de ahí la importancia de evitar consignas en ese sentido. La depresión, ya lo dijimos, no es algo que se elija. Tampoco algo cuya superación dependa de la libre voluntad. Insistirle para que se comprometa con actividades con las que no se siente cómodo resulta contraproducente. Lo explica gráficamente de nuevo el Dr. Vallejo Nájera: «La depresión imposibilita el disfrute de nada. Si se le lleva a una película cómica –'le llevé para ver si se reía un poco'– solo percibirá el enorme esfuerzo que le cuesta salir de casa, que no es capaz de seguir la acción del film porque su atención se fatiga, que los demás ríen y él permanece indiferente y tiende a ensimismarse dando vueltas a sus negros pensamientos sin atender a la proyección. Si ocurre esto en algo pasivo y agradable como ver una película cómica, podemos deducir cómo queda de aplastado si se le obliga a acudir

al trabajo, a enfrentarse con un problema o una ardua tarea para la que se siente incapacitado».

8. Trasmitirle esperanza. La vivencia depresiva es difícilmente definible. La pena, la desesperanza, la angustia, la desgana, la sensación de impotencia se amalgaman en lo más hondo del alma y hacen que quien experimenta tan desasosegantes emociones se perciba como en un callejón sin salida, como en una oscura mazmorra de la que jamás podrá ser liberado. Quienes le son más próximos siempre podrán ofrecerle una pizca de esperanza. Y hacerlo con legítima coherencia persuadiéndole de que, aunque en esos momentos no pueda entenderlo, sí hay salida de esa cárcel y luz al final de su túnel. La depresión es una enfermedad tratable y quien sigue las pautas que le marquen los profesionales puede abrazar la legítima esperanza de que la mejoría llegará.

9. Reforzarle positivamente. Un rasgo relevante del depresivo es su déficit de autoestima. Tiende a ignorar sus luces y a recrearse en sus sombras, a recordar sus fracasos y a pasar por alto las ocasiones en que le sonrió el éxito, a destacar sus defectos y subrayar sus debilidades, obviando sus virtudes y los méritos contraídos a lo largo de su vida. En tales circunstancias el papel de la familia es clave para resaltar sus cualidades, poner en valor las múltiples capacidades que atesora y, por encima de todo, lo mucho que, a pesar de las dificultades del momento presente, significa para quienes tanto le quieren.

10. Cuidarse a sí mismo. Una última consideración: convivir con el depresivo es todo menos fácil. Los estados anímicos son, a poco que uno se descuide, contagiosos.

Cuando son negativos tienden a generar en su entorno vivencias profundamente dolorosas y emociones contradictorias de difícil manejo. Cuidar a un depresivo es un desafío no menor para el que hay que saber prepararse y ante el que uno debe protegerse. No es fácil convivir y cuidar de alguien que se ha instalado en la tristeza, que puede tener comportamientos no fáciles de entender y con quien la comunicación es siempre complicada.

En tales circunstancias convendrá hacerse cargo de las preocupaciones y sentimientos de los distintos miembros de la familia, prestarse apoyo mutuo e intentar controlar las situaciones generadoras de estrés. La atención al deprimido no puede absorber todos sus recursos afectivos de manera que se descuide el «autocuidado» de todos y cada uno de los integrantes de la familia. Es un grave error dejarse atrapar por el duro oficio de cuidador, eliminando espacios en los que se puedan atender las propias necesidades. Quien no sabe cuidarse difícilmente podrá ser un buen agente de ayuda. Acabará culpabilizando al enfermo, perpetuando la situación de la que pretendía liberarlo. Velar pues por uno mismo, lejos de ser una expresión de egoísmo constituye siempre una garantía de eficacia en el tratamiento del familiar enfermo. Como lo es no alejarse demasiado de este decálogo que propongo.

¿Hay lugar para la esperanza?

Claro que sí. He venido diciendo que la depresión es una enfermedad insidiosa que provoca en quienes la padecen y en su entorno altísimas dosis de sufrimiento. Pero no es menos cierto que puede ser abordada con éxito. Miles de personas que en algún momento de sus vidas han pasado por la dura experiencia de padecerla así lo acreditan. Como lo certifican tantos y tantos profesionales de la salud mental que, combinando el tratamiento farmacológico con la terapia psicológica, han conseguido que sus pacientes superen sus crisis depresivas y recuperen el nivel de bienestar emocional que las habían precedido. Quizá todos necesitemos una onza de humildad para aceptar, si alguna vez la depresión llama a nuestra puerta, que es el momento de pedir ayuda y ponernos en manos de expertos para superar esa situación sin dar opción a que se cronifique. Quienes tienen la fortuna de contar con un entorno familiar saludable juegan sin duda con una gran ventaja. Quienes carecen de él lo hacen, si se me permite la metáfora, en campo contrario, y encontrarán más dificultades para ganar el partido. Pero también para ellos, cómo no, hay salida si aprovechan los recursos que ofrecen nuestros servicios sanitarios y cuentan, ¡ojalá!, con un entorno, con alguien que quiera estar a su lado y los acompañe en los momentos más críticos de su dolorosa experiencia.

SEGUNDA PARTE

QUÉ PUEDES HACER TÚ

1. LO QUE HICE YO

Durante mucho tiempo, la lucha contra depresión ha sido un tema que me ha apasionado. La primera vez que pude tomar consciencia y dimensionar las consecuencias de la enfermedad fue con 25 años, trabajando en un centro de enfermedad mental de la Cruz Roja islandesa en la ciudad de Reikiavik. Posteriormente, también descubrí la magnitud del problema tras varios años como cooperante en diferentes países en vías de desarrollo al darme cuenta de que numerosas comunidades beneficiarias de ayuda tenían grandes necesidades al respecto. Por ejemplo, algunas de estas comunidades pueden llegar a ser diagnosticadas de «depresión colectiva» que sufren en paralelo a la falta de recursos para satisfacer sus necesidades materiales básicas u otras adversidades como la violencia o los desastres naturales. Pero esta toma de consciencia no se reducía a mis temporadas en el extranjero, puesto que cada vez que regresaba a mi ciudad, Madrid, observaba como en una población desarrollada y en personas que desde el punto de vista material lo tenían prácticamente todo también podía darse el mismo sufrimiento y con un denominador común: la soledad y la incomprensión hacia el enfermo. Es por ello que empecé a investigar sobre la depresión, a identificar la magnitud del problema a escala global, y poco a poco a entender su relación con el suicidio. Y, cómo no, de las posibilidades que tenemos de luchar contra la depresión desde diferentes frentes, empezando por reconocer el problema como una enfermedad real y una pandemia global que se postula como la gran enfermedad del siglo XXI.

Nunca me imaginaría que años después de iniciar esta investigación e interés por la enfermedad sería yo quien lamentablemente sufriera un proceso depresivo con treinta y seis años para el que no estaba preparado; yo era de los que ayudan, no de los ayudados, y ni me gustaba ni me reconocía en ese nuevo rol. A mí eso no me podía pasar. Lo cierto es que el primer gran paso adelante fue ser consciente de qué me pasaba, reconocerlo, aceptarlo y plantearme qué hacer para enfrentarme a esa enfermedad en la que estaba empezando a caer.

Aunque hay varias cosas que venían «de antes». El desencadenante de mi depresión fue la coincidencia en el tiempo de tres problemas casi repentinos que me sobrepasaron: de salud, sentimental y económico, ante los cuales no fui capaz de reaccionar y tras los que me encontré en un estado de vulnerabilidad hasta ese momento desconocida para mí. En el pasado había tenido épocas mejores y peores, supongo que como la mayoría de la gente, pero nada comparable a lo que viví en aquella etapa. Tomar una serie decisiones y actuar al respecto fue clave para salir poco a poco de aquel proceso que me aportó mucha información para comprender la realidad de la depresión en primera persona. Por ejemplo, al experimentar consecuencias de la enfermedad como la pérdida total de energía y de ganas de realizar cualquier actividad, bloqueo y lentitud mental, problemas de estómago o de piel, hipersensibilidad e irritabilidad frecuente, o dificultades para estar de forma «normal» en actividades sociales cotidianas, que me llevaron a no reconocerme a mí mismo. La solución no fue rápida, ni fácil. Requirió mucha proactividad, actitud de superación, resiliencia, paciencia, valentía, apertura al cambio, aceptar ser vulnerable, poner nombre a qué me ocurría y comunicárselo a mi entorno cercano. De igual manera, reconocer errores para poder enmendarlos y aceptar que yo solo no podía con todo eso. Es decir, saber pedir ayuda y favores. Y algo imprescindible: acudir a un terapeuta profesional. Para mí eso supuso un antes y un después. Fue un gran paso para mi recuperación, un proceso que duró aproximadamente un año.

Dicho todo lo anterior, lo que viene a continuación es una visión particular basada en mi propia experiencia sobre qué se puede hacer para prevenir o enfrentar la depresión en casos leves y moderados (según la clasificación de la OMS). Lo hago, al igual que el resto de ex pacientes que cuentan su historia en este libro, por si puede servir a cualquier persona que conviva con la enfermedad y no sabe cómo actuar, ya sea para quien la padezca o para identificar en nuestro entorno quién la sufre y saber qué hacer. Y, por último, para aportar mi granito de arena como ciudadano de un mundo en el que la depresión avanza hasta haberse convertido en pandemia global.

¿Por dónde empezar a luchar contra la depresión? Una buena manera es aterrizar en el origen de la misma, comenzar a comprender aspectos fundamentales de tu propia vida sobre los que probablemente nunca te hayas preguntado. No es fácil saber quién eres o qué quieres. Hay quien nunca se realiza estas preguntas en toda la vida, o sí se las plantea pero sin buscar respuestas apropiadamente. Algo cambió en mí a partir de hacerme tres preguntas difíciles: ¿Quién eres? ¿Qué quieres? ¿Qué haces para...? En un primer momento de la enfermedad yo lo que quería era que alguien me «solucionara lo mío» de forma rápida y eficaz, y seguir con mis cosas porque «tenía mucho que hacer». Es decir: hacer, hacer, y hacer... olvidándome de «ser». A mí me sirvió de mucho empezar a obtener respuestas a estas tres preguntas, y es por ello que las comparto contigo por si te ayudan a enfrentar la depresión.

¿QUIÉN ERES?

Mirarse al espejo puede parecer un simple gesto cotidiano. Quizá ya no sea tan sencillo hacerlo respondiendo a la pregunta: ¿Quién soy?

Y es que la respuesta no es fácil. Probablemente por eso hay quien no llega nunca a tomar consciencia real de sí mismo, de que es alguien único e irrepetible. Clarificar «quién eres» te permite ser una persona más íntegra, responsable y consciente. Te facilita decir «no» a aquello que no quieres y dar la bienvenida a todo aquello que sí quieres. Un gran aliado para conseguirlo es conocerte y, sobre todo, aceptarte tal cual eres. Y a partir de ahí perseguir mejorar y prosperar de forma eficaz y duradera. Te ayudará observarte desde diferentes enfoques o realidades. Puedes empezar a conocerte en algunos aspectos: «sé como soy trabajando», «sé cómo soy en pareja«, «sé cómo soy con mis amigos», «sé cómo soy cuando...», y poco a poco entenderás que eres todas esas cosas. Tener respuestas a la pregunta «¿quién soy?» que sientas que reflejan bien tu ser actual, con sus luces y sombras, y aceptarte, puede suponer un gran paso para ser una persona más feliz.

Es razonablemente frecuente el que puedan aparecer dificultades, miedos y resistencia a la hora de responder a una pregunta tan trascendental. ¿Cómo te ves tú y cómo te ven los demás? Piensa si ambas imágenes pueden ir a la par o hay grandes diferencias entre ellas. Si hay un desequilibrio considerable entre cómo te ves tú y cómo te ven los demás puede que ahí radique una de las dificultades para saber quién eres realmente. Cuando hablo de «los demás» no me refiero a alguna persona influyente que haya a tu alrededor, sino a la generalidad de todos los demás. De lo contrario podemos estar infravalorándonos o sobrevalorándonos.

¿Por qué es tan importante saber quién soy? La consciencia acerca de quiénes somos influye directamente en nuestra relación con el mundo. Aquello de lo que no somos conscientes simplemente no existe (para nosotros). A veces esta situación parte de una decisión consciente: no querer darse cuenta, es decir, no querer saber. Otras veces no parte de esta decisión previa sino que ocurre de forma natural, pero el resultado es el mismo. El ser humano se construye en gran medida en base a aquello hacia donde dirige su atención e interés.

Tenemos la posibilidad de ser conscientes de que podemos ser conscientes. O, lo que es lo mismo, de darnos cuenta de que podemos darnos cuenta. Tenemos el maravilloso poder de identificar si estamos bien o mal. Si estamos donde queremos estar o no. Si somos quienes queremos ser o no. Teniendo ese privilegio, y quizá por no ser conscientes de que lo tenemos, a veces actuamos por instinto. Como el pez que tiene una memoria leve y reducida; avanza de un lado al otro del océano por instinto, sigue y sigue, ejerciendo su libertad de movimiento en el mar.

La consciencia puede llegar a asustar, ya que implica un mayor conocimiento de la realidad y una mayor responsabilidad. Sin embargo, aceptar mayor responsabilidad puede llevarnos a ser más maduros como personas y a obtener más y mejores resultados en nuestras decisiones y acciones. Una de las claves para ser más conscientes es identificar qué es aquello que desconocemos. Y, si en vez de rechazarlo lo aceptamos y ponemos nuestra atención en aquello de lo que no somos (o no queremos ser) conscientes, las consecuencias pueden ser extraordinarias en lo que respecta a nuestra felicidad y desarrollo personal.

No es fácil (aunque sí posible) tener respuestas a esta pregunta, como tampoco es sencillo (aunque también posible) responder a una nueva pregunta, «¿qué quiero?», tal y como veremos a continuación.

¿QUÉ QUIERES?

La sociedad contemporánea nos ofrece múltiples opciones para consumir productos, servicios, conocimiento, experiencias... las opciones son tantas que es difícil elegir. Quizá por no saber que la vida trata de otro tipo de elección, por ejemplo, elegir ser verdaderamente felices, nos perdemos en la respuesta. El planteamiento sobre «¿qué quieres?» es diferente del ofrecido por la sociedad de las múltiples opciones del «yo, consumidor». Hablamos de otra cosa, del «yo, ser humano».

Al preguntarte qué quieres, puede ser de gran ayuda el plantearte antes «¿qué es para mí la felicidad?» y responder en primera persona y no en nombre de otros: «a nuestra familia lo que nos gusta es...», «a las mujeres nos gusta...», «a todo el mundo le gusta...», etc., ya que de la sinceridad de esa respuesta dependerá probablemente muchas cosas importantes de tu propia vida, y cómo no, la posibilidad de que esta sea feliz. Si lo que buscas es tu felicidad, la acabarás encontrando. Si lo que buscas es ser aceptado, lo acabarás siendo. Si lo que buscas son excusas para... las acabarás encontrando.

Sea cual sea tu deseo o tus metas en la vida es recomendable que te hagas la pregunta y trates de averiguarlo, ya que la respuesta es muy personal. Y lo más probable es que no sea igual a lo que la sociedad, tu comunidad, o los medios de comunicación, nos dicen que queremos, y eso es lo que nos lleva a buscar algo que en el fondo no es lo que queremos. Esto ocurre cada vez más en una era en la que se puede llegar a crear una vida paralela, la vida virtual, que busque mostrar una imagen que quizá no se corresponda con nuestra vida real y acabar siendo esclavos de esa imagen proyectada hacia los demás.

Recuerda que nadie nace sabiendo. Cuanto más te desarrollas, menos te condicionará el lugar de donde partes. De ti depende quedarte toda la vida con lo que se te ha asignado… o mejorarlo y completarlo. El material que traes «de serie» no puedes decidirlo, lo que haces con ello sí. Nacemos con unas cartas para jugar la partida de la vida y son las que nos han tocado. Pero de cada uno dependerá jugarlas de una manera u otra, y esto ya forma parte de una decisión personal. Siempre habrá condicionamientos, influencias, o hasta coacciones para vivir un determinado tipo de vida. Pero lo cierto es que lo que hagamos a partir de ahí forma parte de nuestra toma de decisiones vitales. Muchas veces, a la pregunta «¿qué quieres?» se responde con un «salud, dinero y amor». En cuanto a la salud, sí nos podemos cuidar de forma proactiva o hacer lo que esté en nuestra mano para estar saludables y prevenir la enfermedad, aunque en otros casos la salud no dependerá tanto de nosotros sino de factores externos, hereditarios, ambientales, etc.

En cuanto al amor y el dinero sí cabe reflexionar sobre su influencia en nuestra vida. Y, en consecuencia, sobre el rol que juegan ambos en muchos procesos depresivos. Pasamos a contemplarlos a continuación.

AMAR Y QUE NOS AMEN, PERO AMAR BIEN

Se dice que uno de los grandes pilares de la felicidad es el amor: a uno mismo, a los demás, amor fraternal, en pareja, etc. Sin embargo, y como en otras facetas de nuestra vida, no se trata solo de amar y de que nos amen, sino de amar bien.

Empezando por el amor a uno mismo, podemos valorar rápidamente cómo lo experimentamos observando cómo nos tratamos, cómo nos hablamos... en comparación con cómo amamos a los demás. Por ejemplo, muchos somos incapaces –o al menos nos costaría mucho– de tratar mal a alguien, o hablarle mal..., pero nuestra relación y diálogo interno podría considerarse «maltrato» por el tipo de palabras que nos decimos en determinadas ocasiones. O el excesivo reproche que nos hacemos a nosotros mismos cada vez que nos equivocamos. O el trato que les damos a nuestro cuerpo y nuestra mente en determinadas circunstancias. Observándonos nos daremos cuenta de si nos amamos bien y si ese amor está equilibrado en comparación con cómo tratamos a los demás. Aquí podemos encontrar un primer ejemplo entre amarse y amarse bien. Otro ejemplo podría ser el de las personas que se quieren únicamente a ellas mismas (o piensan únicamente en ellas) convirtiendo ese amor en egocentrismo. O que se quieren tanto que traspasan la frontera del narcisismo, creando una gran brecha entre la realidad y su percepción de la misma, y con ello afectando negativamente a su relación con el mundo.

En la relación con los demás, hablamos igualmente de la diferencia entre amar o ser amados, y amar y que nos amen bien. Relaciones familiares, de amistad o de pareja pueden llegar a ser tan beneficiosas como tóxicas pese a estar todas ellas bajo el paraguas de «les quiero» y «me quieren». De igual manera, también podemos confundir quererse a uno mismo sabiendo disfrutar de la soledad elegida (lo que es enormemente positivo), con hacer de ello una forma de vivir que nos cierre a amar a los demás y a que los demás nos amen, pudiendo convertirse en una relación de amor tóxica que estaría en el terreno de «me quiero» pero no «me quiero bien».

Una vez entendida la diferencia y sabiendo responder a las preguntas «¿me quiero… y me quiero bien?», «¿los demás me quieren bien?», «¿quiero bien a los demás?», trabajar la información que nos aportan las respuestas a estas preguntas nos será de gran ayuda para conseguir felicidad y equilibrio personal.

EL PAPEL DEL DINERO EN NUESTRA VIDA

El dinero tiene en nuestra vida el valor y el lugar que le asignemos. Puede ser nuestra única prioridad o algo que nos asuste. Puede ser algo «sucio» o algo «necesario», nuestro aliado, nuestro enemigo, etc. El dinero en sí mismo no es «malo». Lo bueno o malo es el uso que se le da, lo mismo que el uso que se da al poder o al conocimiento. El dinero, el poder o el conocimiento en manos de Vicente Ferrer o de Nelson Mandela supusieron una cosa y en manos de cualquier grupo mafioso o delictivo supone otra muy diferente. Lo malo es la codicia, la especulación, el odio, la opresión, etc. El dinero es un medio de intercambio como en el pasado lo fueron el ganado o las especias, que también podían ser objeto de avaricia o usura… o todo lo contrario. Cualquiera que sea el medio de intercambio que se use en el futuro, igualmente podrá tener un fin u otro dependiendo de quién lo use y con qué intenciones. A partir de ahí, identifiquemos cómo es nuestra relación, nuestro diálogo con nosotros mismos o con los demás con respecto al dinero. Por ejemplo, si es de rechazo o de obsesión, o algo de lo que huir. El uso que hagamos y la concepción que tengamos de este medio de intercambio lo convertirá en nuestro aliado, enemigo, prioridad, energía, freno, o incluso en un tema «tabú» que preferiremos no mencionar. Sea cual sea la relación con él, identifiquemos qué papel juega en nuestra felicidad o infelicidad a lo largo de nuestra vida. Tener una relación sana, neutral y equilibrada con el dinero está directamente conectado con muchas de las respuestas a la pregunta «¿qué quiero para mi vida?».

El dinero es uno de los grandes motivos de frustración. No en vano aparece bajo diferentes formas y contextos en muchas consultas de terapia. Mayoritariamente por no tener el suficiente, aunque también la frustración puede llegar por tenerlo en exceso y vivir en una «burbuja» ajena al mundo real, o por pensar que el dinero lo es todo y a la vez sentirse «vacío» de aquello que el dinero no puede comprar: amor, amistad, valores... En otras ocasiones por ser un motivo de discusión o generador de problemas entre parejas, familias, amistades, etc. O por no saber negociarlo, o no querer reclamar aquello que creemos que nos pertenece o nos merecemos, o no ser capaces de hablar del dinero de forma natural, como a algunas personas les ocurre por ejemplo con la sexualidad. Confundir aspiración con codicia, la creencia de que prosperar económicamente es incompatible con la ética, o caer en la frustración de no tener nunca lo suficiente, también forma parte de todo aquello que supone una mala relación con el dinero. Podríamos poner muchos más ejemplos y situaciones relacionadas con este medio de intercambio que juega un rol protagonista en nuestras vidas.

Vivimos en el sistema que vivimos. Aceptar esta realidad no significa estar a favor del sistema ni de sus excesos: aquí está el origen de muchos casos de mala relación con el dinero. Saber relacionarse de forma sana con el dinero y entenderlo como un mero medio de intercambio es tan importante como saber relacionarse de forma equilibrada con uno mismo, con los demás, con nuestra salud, nuestra intimidad o nuestras emociones. El dinero es energía, es un recurso para conseguir diferentes fines, muchos de ellos relacionados con nuestra felicidad (tener una buena formación, disfrutar de un hogar, ayudar a quien lo necesite...). Considerarlo la única prioridad, o por el contrario algo de lo que huir por ser problemático o conflictivo, influye de forma notoria en nuestro desarrollo y equilibrio personal así como en nuestra relación con el mundo.

Vivir sin saber qué quieres, y no solo en términos de amor o dinero, puede llevarnos a tener la vida que otros quieren que vivamos siguiendo la inercia de «hago lo que toca hacer». Tener proactividad y tomar las riendas de nuestra felicidad es clave para poder llevar una vida plenamente satisfactoria y tomar consciencia de quiénes somos, del por qué de nuestra existencia y que la vida sea realmente vida. Si tu dependencia de algo: dinero, reputación, seguridad, aceptación de los demás, etc., hace que no vivas, eso es una señal para preguntarte si ese dinero, reputación, seguridad o aceptación de los demás merecen la pena. Pregúntate si has venido a este mundo a que tu vida sea la que es y si eres feliz así. A partir de ahí, la siguiente pregunta es qué puedo hacer para conseguir lo que quiero ser.

¿QUÉ HACES PARA...?

Respondidas en la medida de lo posible las preguntas «¿quién soy?» y «¿qué quiero?», es inevitable hacerse una tercera pregunta: «¿Qué estoy haciendo para ser quien quiero ser y estar donde quiero estar?» «¿Qué estoy haciendo para conseguir lo que quiero para mi vida?».

Lo que viene en las próximas líneas está estrechamente ligado al movimiento y acción para llegar a conseguir lo que cada persona quiere para su vida. Movimiento y acción no necesariamente significan irte a vivir a otro país, o cambiar de pareja o de trabajo... Todo eso puedes hacerlo y seguir siendo el mismo de siempre si te resistes a que nada cambie en ti, o solo cambiar lo que te sea más sencillo. En este caso, tan solo estarías huyendo, no actuando. Y también puedes vivir siempre en la misma ciudad, tener siempre la misma pareja o el mismo trabajo... pero estar abierto a reinventarte, tener nuevos roles y aspiraciones, evolucionar, reciclarte, superarte, crear, mejorar, perseguir ser lo que quieres ser en cada etapa vital... y ser feliz. Es decir, estar haciendo lo que esté en tu mano para llevar la vida que deseas. Y ese movimiento y acción, tiene que ver con un propósito y con que tus acciones (o inacciones) te acerquen a ese propósito... o te alejen de él.

Cabe destacar que en algunos casos supone un freno o impedimento para conseguir nuestros deseos vitales el vivir con la pregunta: «¿Qué me ofrecen la vida, el mundo, la sociedad...?», esperando que sea algo externo lo que dé la felicidad, oportunidades o soluciones. Transformar la pregunta anterior en «¿qué le ofrezco yo a la vida, al mundo, a la sociedad...?», cambia nuestra perspectiva y va razonablemente más encaminado hacia liderar la consecución de mis deseos vitales y mi desarrollo como ser humano. De igual manera podemos entrar en conflicto a la hora de esperar algo de la vida sin querer hacer el esfuerzo o las acciones que requiere conseguirlo: «Quiero ser como él... pero no estoy dispuesto a hacer el esfuerzo que hizo él para llegar ahí».

Como se mencionaba anteriormente, no escoges un hecho (por ejemplo, el lugar o la fecha en que has nacido), pero sí la forma de vivirlo. Ante esto, entendamos la actitud como el mejor aliado para vivir la vida que deseamos vivir; yo no elijo una crisis repentina, pero sí mi actitud ante ella. Yo no elijo mi familia, ni muchas cosas de mi pasado, pero sí elijo qué hacer con ello.

Somos mucho más libres de lo que pensamos en cuanto a nuestro poder de acción y decisión, y somos poco conscientes del poder que genera actuar y elegir una buena actitud para uno mismo (por ejemplo para nuestra salud) y en nuestra relación con los demás: de pareja, laboral, familiar, amistades... La actitud ante la vida es un complemento necesario en todo aquello que hagamos para ser (más) felices, sin compararnos con otros, sino siendo nuestra mejor versión. Nada mejor para saber dónde están nuestras capacidades que ponerlas en movimiento, entrenarlas, experimentarlas, mejorarlas... y usarlas a nuestro favor para, entre otras cosas, prevenir una depresión, luchar contra ella, o simplemente ser más felices.

A mí todo lo anterior me supuso dirigirme hacia ser lo que quiero ser, estar donde quiero estar y superar un proceso de depresión del que no fue nada fácil salir. Una etapa de mi vida en la que lo pasé realmente mal y que soy consciente que podría volver a repetirse. Pero una etapa a la que le estoy agradecido, ya que el proceso de reconstrucción personal que llevé a cabo me permitió conocerme más a mí mismo, acercarme a saber qué es lo que quiero y dirigirme hacia ello. Y, sin duda, salir reforzado. Hace tiempo oí hablar de una técnica japonesa llamada *kintsugui*, que consiste en apreciar la belleza de lo que se ha roto, por ejemplo un jarrón de porcelana. Se llegan a reparar con oro las piezas que se han roto, resaltando las partes rotas y posteriormente pegadas como algo positivo, digno de admirar. Con el tiempo me he dado cuenta del verdadero significado de esta técnica, que tiene una clara aplicación a las personas. No podemos pretender ser irrompibles, somos humanos. Podemos estar prevenidos, estar más preparados por si ocurre, y en caso de «rotura» ponernos manos a la obra para iniciar un proceso de reconstrucción a través del cual podemos llegar a ser la mejor versión de nosotros mismos, haciendo que lo que un día se rompió ahora sea algo muy bello y de lo que sentirnos orgullosos.

No puedo dejar de decir que a mis cuarenta años soy una persona feliz, muy feliz. En gran parte gracias a haber tomado una serie de decisiones, a haberme reconstruido, a aceptar responsabilidades y a creer posibles muchas cosas maravillosas de las que ahora disfruto, como estar escribiendo estas líneas.

2.CÓMOACTUARANTELADEPRESIÓN

La depresión es lo contrario de ilusión y es sinónimo de oscuridad, de «no puedo», de vida sin sentido, de vacío. Un vacío sin límites. Reconocer el problema y admitir que se padece un proceso depresivo es imprescindible para poder solucionarlo. Ya sea reconocimiento y aceptación por parte del propio paciente, como de las personas que le rodean para identificar qué ocurre y tratar de ver qué se debe y qué no se debe hacer. Como paciente, tienes que aprender a poner nombre a lo que te ocurre, entender que el problema no se va a solucionar solo y dimensionar las verdaderas consecuencias de la enfermedad para posteriormente poder comunicarlo a tu entorno con un doble objetivo: que sean conscientes de aquello por lo que estás pasando y pedir ayuda a los más indicados o aptos para ello (por su empatía, sensibilidad ante el problema, madurez, capacidad de respuesta...) ya que no todo el mundo nos servirá de ayuda, ni entenderá o aceptará la enfermedad. A veces buenas intenciones no es igual a buenos resultados y siempre estarán los consejos (la mayoría con la mejor intención) de que todo esto se pasa «con una buena juerga», o que «es cuestión de tiempo» o simplemente de «actitud positiva». Ojalá fuera tan sencillo.

En paralelo a lo anterior, es imprescindible acudir a un terapeuta profesional. En un terapeuta no debemos buscar un amigo, ni alguien que nos diga cosas bonitas, ni alguien que nos vaya a curar solo por asistir a sus sesiones. Por supuesto debe tratarnos bien, pero no confundamos «la parte con el todo». Un proceso de terapia es algo profundo y complejo. El profesional está ahí para ayudarnos como soporte, guía, y aportar una visión de experto complementaria a nuestro esfuerzo por salir adelante. Pero no lo puede hacer todo él, por muy buen profesional que sea. Nuestro compromiso, acciones y actitud para superar la depresión son esenciales para que pueda hacer bien su trabajo.

Actuar contra la depresión también requiere paciencia, entender que nos enfrentamos a un proceso largo y probablemente difícil, y no esperar resultados inmediatos. No perder la paciencia es clave para vencer, paso a paso, un proceso depresivo. De lo contrario, al no ver satisfechas nuestras expectativas podríamos perder la esperanza de recuperarnos al poco tiempo de iniciarla.

Además del imprescindible paso de acudir a un terapeuta profesional ante un caso de depresión, si sientes que estás en un momento de crisis o tienes un caso cercano, el Teléfono de la Esperanza[4] es un recurso que puede ayudarte y orientarte.

A veces, aunque estemos tratando de hacer frente a la enfermedad e incluso yendo a terapia, la depresión se mantendrá con la frustración que genera el desequilibrio entre nuestra interpretación del mundo y la realidad. Veremos solo lo que queramos ver, escucharemos solo lo que queramos escuchar, etc. Es clave poder cambiar la perspectiva con ayuda de la pregunta «¿qué está pasando dentro de mí para que suceda todo eso fuera?». El camino para el éxito en la lucha contra la depresión es mayormente de dentro a fuera, no al revés, ya que a veces lo que tratamos es que sean el mundo o los demás los que cambien para estar mejor nosotros. O que

---

4   91 459 00 55 - 717 003 717. Está presente en 30 provincias españolas, en Portugal y en 9 países de Latinoamérica. En Suiza también funciona para ayudar al numeroso colectivo de hispano-luso hablantes. Más información en: https://www.telefonodelaesperanza.org/

alguien nos dé el consejo, la pastilla o la terapia milagrosa: algo externo que nos cure. Si esas son nuestras expectativas se acabará huyendo de esa terapia que nos pida cambiar lo que no queremos cambiar. No es suficiente «actuar» contra la depresión, sino que hay que actuar bien. En algunas ocasiones, la depresión es la consecuencia de una forma de vivir insana a la que nos hemos acostumbrado: relaciones tóxicas (de pareja, laborales, sociales), perfeccionismo extremo, incapacidad de cambiar, incapacidad de perdonarse a uno mismo, incapacidad de estar solo o dependencia de los demás, sensibilidad extrema ante los problemas propios o ajenos, olvidarse de uno mismo y dedicarse solo a los demás, egoísmo extremo, llevar la vida que otros quieren que llevemos... Todos ellos son patrones que pueden desembocar en una depresión. Podemos haber solucionado un proceso depresivo de manera puntual y temporal pero si no sabemos o no queremos cambiar los patrones que nos han llevado a esa situación probablemente los repetiremos una y otra vez en el futuro recayendo en el mismo proceso. Si acudimos a terapia por sufrir las consecuencias de una relación tóxica, la solución eficaz no pasará porque esa pareja concreta cambie, sino por cambiar nosotros el patrón que nos ha llevado hasta esa relación. Si acudimos por el malestar que nos genera un trabajo al que le dedicamos catorce horas diarias, la solución no pasará porque de pronto ese trabajo mejore, sino por cambiar nosotros el patrón que nos ha llevado a mantener esa relación laboral. A veces no cambiar ese patrón de origen es causa del abandono de los procesos de terapia y recaída en algunos casos de depresión leve o moderada.

¿PSICÓLOGO O PSIQUIATRA?

¿A cuál de los dos acudir? Si es necesario a ambos, aunque esto dependerá de nuestro caso particular. ¿En qué orden? Si fuera imprescindible establecer un orden, en algunos casos (no en todos) se recomendaría ir primero al psicólogo, especialmente si nunca se ha acudido a un terapeuta y no hay claridad sobre qué ocurre para que este evalúe la necesidad de acudir también al psiquiatra. Dicho esto, una práctica común y acertada es visitar a ambos profesionales, que actuarán dependiendo de la tipología de cada depresión.

Llegados a este punto es pertinente mostrar la diferencia entre un psicólogo y un psiquiatra, no solo porque puede ser importante para el lector, sino por la cantidad de creencias, estigmas, información contradictoria y a veces confusión que existen en la sociedad sobre ambas disciplinas de la salud mental. Esta diferenciación, que resumo brevemente a continuación, se ha realizado a partir de las opiniones y conclusiones de profesionales de la Psicología y la Psiquiatría.

Una de las diferencias principales es la formación previa. El psiquiatra ha estudiado la carrera de Medicina y posteriormente se ha especializado en Psiquiatría. Un psicólogo clínico ha estudiado Psicología y luego ha realizado una especialidad en Psicología Clínica. El psicólogo clínico, por su formación, conoce la Psicofarmacología pero no puede prescribir medicación; ese es un ámbito exclusivo del psiquiatra. El psicólogo intenta localizar cuál es el origen del trastorno que padece su paciente y su funcionamiento. El psiquiatra entiende de forma distinta el concepto de trastorno, que define como una anomalía o fallo en el funcionamiento del cuerpo.

Otra diferencia entre ambos profesionales es la duración de las sesiones. Por lo general, una sesión con un psicólogo es más larga y puede durar de 30 a 60 minutos, siempre dependiendo del problema que presente el paciente, ya que se intentará identificar el origen del problema psicológico a la vez que le ofrece apoyo para su solución. En cambio, una sesión con un psiquiatra tiende a ser más corta y por lo general no suele superar los 30 minutos. En ella, observará cómo es la evolución de su paciente después de haber tomado la medicación recetada.

Un psiquiatra se encarga de diagnosticar y tratar las enfermedades mentales abordándolas prioritariamente desde la parte fisiológica, ya sea prescribiendo medicación u otro tipo de intervención médica necesaria, con la finalidad de equilibrar la bioquímica del cerebro y reparar o compensar la fisiología que esté deteriorada. El psicólogo especializado en clínica tiene como objetivo principal evaluar y tratar problemas de tipo psicológico, es decir, las enfermedades y los desórdenes mentales, abordándolos desde la rehabilitación psicológica e interviniendo de forma externa para modificar ciertos funcionamientos cerebrales disfuncionales. Dada la complejidad del funcionamiento del cerebro y la cantidad de variables que influyen en el origen y mantenimiento de los problemas psicológicos (biológicos, psicológicos y sociales) se deben emplear múltiples metodologías para los tratamientos, por lo que en la mayoría de los casos el psiquiatra y el psicólogo clínico trabajan conjuntamente para ofrecer un tratamiento completo e integral al problema presentado. Ambos profesionales son complementarios y abordan el tratamiento del paciente también de forma complementaria. Sería un error pensar, en términos generales, que un profesional es más idóneo que otro para superar una depresión. Esto dependerá de cada caso y de que ese profesional en concreto (independientemente de si es psicólogo o psiquiatra) sea eficaz en el tratamiento de cada situación particular.

DEPRESIÓN POSPARTO

La depresión posparto afecta a una de cada seis madres según la OMS. Esta cifra podría ser mayor, ya que en algunos casos aparece de forma tardía y/o se achaca a otras causas, por lo que existen otras estadísticas que corrigen esta cifra a una de cada tres madres. A pesar de haber sido un tema mencionado en diferentes entrevistas realizadas a pacientes y profesionales, no he sido capaz de encontrar a nadie que quisiera compartir su historia de superación de depresión posparto, aunque sí he podido recabar opiniones y experiencias de varias mujeres que han pasado por ello, y que resumo a continuación.

Hablamos de una forma de depresión que puede afectar a las mujeres hasta aproximadamente un año después del parto, aunque lo más característico es que los síntomas aparezcan durante los tres meses después del nacimiento. Se manifiesta en síntomas depresivos habituales como son ánimo bajo, anhedonia[30], disminución de la energía y alteración de ciclos vitales como el apetito y el sueño. Requiere tratamiento, a diferencia del «*Baby Blues*», consistente en diferentes reacciones anímicas relacionadas con el parto y los cambios hormonales fisiológicos asociados a este, que por lo general remiten de forma espontánea.

Las causas de la depresión posparto pueden ser múltiples, como el estrés causado por el cuidado infantil, la falta de apoyo social, dificultades en la pareja, ansiedad por circunstancias externas como problemas financieros o la pérdida de un trabajo, cuidar a un niño con un comportamiento difícil, una baja autoestima o la frustración que aparece tras la diferencia entre la realidad de la maternidad y las expectativas previas generadas sobre la misma. También puede haber factores biológicos como cambios hormonales tras el parto, o el hecho de que haya sido un embarazo no planificado. Saber identificar, aceptar y actuar para superar esta depresión, ya sea en primera persona o por parte de las personas que rodean a la madre, es tan importante como en cualquier otro caso de depresión. Sin embargo, en este caso concreto hay que destacar que no todas las mujeres que la padecen hablan abiertamente de ello o la aceptan. Es un tipo de depresión con un mayor riesgo de ser silenciado. Y, por otro lado, en el caso de que el paciente la visibilice, a veces tampoco es considerada como «importante» por las personas que la rodean. Pero nada está más lejos de la realidad, puesto que también puede derivar (en casos extremos) en suicidio, ser el detonante de otro tipo de depresiones o enfermedades mentales, de crisis y desarraigo familiar o en la pareja, y todo ello en una etapa muy delicada tanto para la madre como para el bebé que está en sus primeros años de vida. Es por ello que no por ser un problema «común» se debe normalizar o vivirlo en silencio puesto que puede derivar en problemas mayores y duraderos. Se puede y se debe evitar actuando en consecuencia, como por ejemplo acudiendo a tiempo a un terapeuta profesional y haciendo lo posible para que la sociedad lo reconozca y atienda apropiadamente.

EL «LADO BUENO» DE LA DEPRESIÓN

Si hay un «lado bueno» en muchos procesos depresivos es el poder cambiar los patrones que nos han llevado a caer en ellos. Es decir, convertir esa gran crisis en una oportunidad de mejora, de renovación, que nos permita realizar los cambios necesarios para llevar una vida más plena y feliz. Este es un aspecto fundamental que se aborda en diferentes capítulos del libro, con el objetivo de ayudar a enfrentar la depresión, y sobre todo prevenir su graves consecuencias, la más grave de las cuales es el suicidio, que pasamos a ver a continuación.

3. ENFRENTANDO EL SUICIDIO

Como ya se ha dicho con anterioridad, cada año se suicidan en el mundo más de 800.000 personas. Sin embargo, y aunque no se tiene evidencia de ello, se cree que esta cifra es superior ya que hay muchas muertes causadas por suicidio que no son contabilizadas como tal: accidentes de tráfico o domésticos, muertes en conflictos bélicos, muerte «natural» ocasionada por dejar de tomar una determinada medicación, etc. En España, 3.600 personas se quitan la vida de media al año (el doble que los fallecidos en accidentes de tráfico), lo que equivale a unas diez al día, según datos de la OMS. Y, como también se ha mencionado, las cifras de suicidio entre la juventud son escandalosas, lo que hace que este problema sea aún más preocupante.

El siglo XXI y sus innumerables avances en muchos ámbitos no han reducido (al menos por ahora) estas cifras, sino que estas van en aumento. Para que podamos entender mejor la dimensión del problema, en el mundo hay más muertes por suicidios que por homicidios, guerras o catástrofes naturales. Y es un problema que no distingue entre ricos o pobres, pueblos o ciudades, Oriente u Occidente. ¿Qué podemos hacer frente a este drama global? La Organización Mundial de la Salud afirma que el suicidio se puede prevenir con diferentes medidas y que se puede reducir al menos en un 30%.

Lo primero de todo es que se pueda hablar de ello públicamente, aceptarlo aunque sea una evidente muestra de fracaso como sociedad. Que forme parte de las agendas políticas, sociales y de los medios de comunicación. Que las instituciones públicas tomen mayor interés, en la medida en que se trata de un problema de salud pública, no de hechos aislados. Silenciarlo como familias, como centros educativos, como grupo de amigos, como empresa, como sociedad o como país... no ayuda, sino que empeora el problema. Se hace necesario que haya más datos y organismos oficiales dedicados a su prevención, identificar sus causas mayoritarias o las consecuencias que genera para que aquellas personas tentadas a suicidarse puedan llegar a ser suficientemente conscientes de ello. Pero estas medidas tardarán mucho en llegar si la sociedad no las demanda ni las considera relevantes.

Como dato revelador, en paralelo a la redacción de este libro pregunté a varias personas de diferente perfil si tenían un caso cercano o relativamente cercano de suicidio. En todos los casos me dijeron «sí». Y en su gran mayoría, ese episodio había pasado a ser (consciente o inconscientemente) «tapado» en esa familia, comunidad o entorno. Un tema del que no se habla y «es mejor olvidar». No es casual que la sociedad actual adopte una fórmula similar en la medida de lo posible: silenciar y olvidar.

Según comenta el experto Andoni Anseán (psicólogo y presidente de la Sociedad Española de Suicidología y de la Fundación Española para la Prevención del Suicidio) en una entrevista para El Diario Vasco, existen una serie de pautas que sí pueden ayudar a prevenir el suicidio. Una medida eficaz es el seguimiento de los pacientes en riesgo. Pero antes de ello, la formación específica de los profesionales que puedan tener relación con pacientes en riesgo; principalmente de la salud, aunque no únicamente (por ejemplo en servicios sociales y educativos). Entre un 25% y un 35% de los problemas que atienden los médicos de los centros de salud tiene que ver con la salud mental. Y una parte de ellos tiene que ver con la depresión, y en la depresión una parte está relacionada con la intención suicida. A partir de ahí, sería altamente eficaz el seguimiento coordinado de los pacientes en riesgo.

Otra medida sería la eliminación o limitar el acceso a medios y «puntos calientes» habituales de suicidio: ciertos pesticidas, algunos fármacos –incluso sin receta– y los lugares públicos donde se producen más suicidios: encontrar una forma de quitarse la vida es más difícil de lo que a priori puede parecer. Evitar que el suicida acceda a esa forma concreta conocida puede llevar a que no encuentre una manera alternativa de llevarlo a cabo y por lo tanto a estar evitando una muerte. Probablemente solo estarás evitando eso, no el problema, pero evitas una muerte.

En cuanto al convencimiento directo del paciente, una forma de aproximarse a él es entender la causa, el problema original del que parte la depresión y/o la intención de suicidio, con una conversación y un razonamiento personalizado a su contexto y situación. En uno de cada diez casos hay un trastorno mental detrás, muchos sin diagnosticar o sin tratamiento. En cuanto al rango de edad, la población joven registra una tasa mayor de intento de suicidio, así como de autolesiones. En la población mayor la tasa de intentos es menor, pero los mismos son generalmente más letales que entre la gente joven.

No existe una razón clara de por qué las personas se suicidan; podría ser solo que sufren algún tipo de vulnerabilidad. En la sociedad actual hay varios factores de riesgo a los que se les añade la ausencia de factores de protección (mencionados anteriormente). Todo ello, sumado a una vulnerabilidad previa, termina por desbordar a la persona. La solución pasa indudablemente por una respuesta coordinada: control de los «puntos calientes», detección precoz, visibilización y derivación al profesional más adecuado y seguimiento estrecho en los servicios sanitarios, además de coordinación con los servicios educativos para las edades jóvenes y con los servicios sociales para las edades avanzadas.

Las consecuencias que el suicidio genera en las familias y el entorno cercano son devastadoras. Existe un tipo de depresión que se genera en ese entorno cercano, que desarrolla un gran sentimiento de culpabilidad y frustración, que a su vez a veces también puede desembocar en un nuevo suicidio.

Tomar consciencia de cuáles son las medidas más eficaces para prevenir y evitar el suicidio, y a partir de ahí plantearnos qué podemos aportar como ciudadanos, familiares y amigos, votantes, creadores de opinión, etc., es imprescindible para que como sociedad avancemos en la solución de esta lacra. Si sientes que tienes intención de suicidarte, o tienes un caso cercano, al final de este libro se incluyen varios recursos que pueden ayudarte y orientarte.

Una simple nota dedicada a ti, que puedes estar en riesgo: te invito a tomar consciencia de todo a lo que puedes estar renunciando, de todo lo que te puedes estar perdiendo. El futuro puede ser muy diferente a como lo ves ahora. Y un ejemplo de ello son todas las historias reales de superación de la depresión (y en algunos casos de intento de suicidio) que se recogen en este libro. Doy fe de que la vida actual de todas esas personas es feliz. Una felicidad que jamás hubieran imaginado cuando se encontraban inmersas en plena oscuridad, en el fondo del pozo del que poco a poco salieron. Pide ayuda, la hay. Y date una oportunidad porque la vida merece la pena.

LA BARANDILLA, TELÉFONO CONTRA EL SUICIDIO

Ana Lancho, experta en prevención del suicidio y presidenta de la Asociación La Barandilla-Teléfono contra el Suicidio

En el año 2016 nace nuestra asociación, La Barandilla. A pesar de llevar muchos años trabajando para el mundo de la discapacidad, decidimos asociarnos para llevar a cabo más proyectos relacionados con el mundo de la salud mental y el suicidio. Uno de los proyectos por los que nació esta asociación fue para poner en marcha el Teléfono Contra el Suicidio. Después de tres años de hacer ruedas de prensa en el Día Mundial de la Prevención del Suicidio (10 de septiembre), vimos la urgente necesidad de dar un paso más y así nació el Teléfono Contra el Suicidio como una herramienta terapéutica para la prevención, debido a las muertes por suicidio que se producen en España, y sabiendo que antes o después tendría que estar dentro de un plan estatal de prevención.

Según la OMS, el suicidio es la causa más grande de muerte no natural. Por proporcionar datos comparativos, en el año 2017 (el último año del que se tienen cifras completas mientras escribo estas líneas) hubo 3.650 muertes por suicidio en España. En accidentes de tráfico ese mismo año fallecieron 1.800 personas y por violencia de género, 45. Por lo tanto estamos ante un problema de salud pública en el que tanto la sociedad como la Administración tenemos la obligación de tomar decisiones para intentar bajar esas cifras.

La mayoría de los suicidios e intentos de suicidio tienen detrás una depresión causada por varios factores: desengaños amorosos, pérdida de empleo, enfermedades físicas, enfermedades mentales, juego... Cualquiera de ellos puede llegar a producir un estado de sufrimiento que, por las circunstancias que envuelven al individuo, este no sabe manejar ni encuentra las herramientas emocionales necesarias para salir de esa situación. Es importante destacar que nadie se suicida «porque quiere»; lo que quiere es dejar de sufrir, y nadie que es feliz se suicida.

¿Cuál es el rol del entorno social y familiar?

Para prevenir esta lacra social, ante los primeros indicios de depresión las alarmas tienen que saltar y tanto los familiares como los círculos más cercanos de la persona deben dar la voz de alarma; para esto, todos tenemos que tener la conciencia de que el suicidio existe y taparlo o no hablar de ello no ayuda ni a la persona con ideación suicida ni a sus familiares.

La incomprensión por parte de la gente de su alrededor y el miedo a no saber abordar un problema tan grave hace que este tema se siga ocultando, lo que no supone ayuda alguna a la persona que tiene ideas suicidas. Hay que comprender, escuchar y no juzgar para llevar a buen término la recuperación de las ganas de vivir.

Por cada persona que se suicida, seis de su entorno cercano (familia, pareja, hijos, amigos) sufrirán este hecho durante muchos años y a veces no llegarán a superarlo, lo que supondrá bajas laborales, depresiones, fracaso escolar... Por lo tanto, el papel de la familia es vital para poder prevenir el suicidio o los intentos del mismo: hay que hablar del tema sin tabúes ni culpas, comprender y apoyar en todo el proceso.

¿Cómo influyen los medios de comunicación?

En España se hacen campañas de sensibilización para evitar accidentes de tráfico, violencia de género, acoso escolar, medioambiente, etc. Pero para la prevención del suicidio no existe ninguna campaña oficial a pesar de las cifras escalofriantes que nos da cada año.

Los medios de comunicación hacen una labor importante a través de documentales o monográficos, y siempre con rigor profesional y humano; de esta forma pueden divulgar y hacer labor de concienciación y sensibilización para el público en general. Recordemos como varias cadenas de TV han dado información sobre hechos puntuales cubriendo actos como la I Carrera contra el Suicidio en Madrid, ruedas de prensa... También la prensa escrita y la radio se han hecho eco de estas acciones tratando el suicidio de una forma natural e instando a que la sociedad tome conciencia del grave problema. Pero deben continuar con esta labor e ir incluso más allá haciendo campañas de publicidad y siempre mostrando testimonios de esperanza de los propios pacientes y los profesionales que los atienden.

¿Cuál es el rol del sector educativo?

Muy importante: empezar por los jóvenes para concienciar e informar sobre el tema, y esto se consigue a través de charlas y jornadas, tanto para los jóvenes como para los padres y profesores.

En el colegio se debe estar alerta ante los primeros avisos de depresión informando a la familia y a la dirección. También los compañeros deben transmitir cualquier síntoma o signo de alarma como cartas de despedida, aislamiento, cambios bruscos en su forma de comportarse, etc. Que los colegios y los institutos empiecen a interesarse por el suicidio sería el primer paso, ya que en la población infanto-juvenil en Europa (hablamos de edades comprendidas entre los 10 y los 19 años) es la principal causa de muerte no natural según la OMS.

¿Cómo hacerlo? Promoviendo encuentros con profesionales expertos en suicidio y alumnos o asociaciones de padres. En estos encuentros se debe informar sobre las alarmas a tener en cuenta, así como hablar de las redes sociales, que a veces llegan a producir efectos muy perjudiciales para los jóvenes, poder prevenirlos acerca de la toxicidad de determinados contenidos, la peligrosidad de asimilar como real todo lo que ven y leen, o el daño que se puede generar al compartir determinada información.

¿Qué papel juegan las administraciones públicas?

Lo más urgente sería desarrollar un plan estatal de prevención del suicidio; algunas comunidades están empezando a trabajar en ello pero debe haber unión entre todos si queremos bajar esas cifras de suicidio tan altas. Dentro de este plan se tendrían que valorar diferentes líneas de actuación, desde la medicina de Atención Primaria; protocolos de actuación conjunta con los equipos de Psiquiatría y Psicología, menos tiempo de espera entre consultas o formación específica en suicidio para los diferentes profesionales, serían algunas de ellas.

Tanto los ayuntamientos como las diferentes comunidades autónomas deben tener en cuenta los «puntos negros» (puentes, acueductos, edificios altos...), así como un plan de actuación y prevención entre los bomberos, Policía Nacional/autonómica/local, Guardia Civil y SAMUR. También poder acompañar estas medidas con diferentes campañas publicitarias a nivel local. Y contar con el Teléfono Contra el Suicidio como una herramienta de prevención importante. Prueba de ello es la intervención directa en cerca de 1.000 llamadas (desde febrero a diciembre de 2018), un teléfono que no cuenta con ninguna ayuda estatal ni local ni de otra índole, siendo sufragado por parte de la Junta directiva de la Asociación La Barandilla.

Único en España, este teléfono funciona todo el año de 9 a 21 horas y está atendido por psicólogos y otros profesionales de la salud mental. El objetivo principal es conseguir traer a la persona a la vida durante esa intervención telefónica que a veces puede llegar a ser de una hora y media, y empoderar a la persona a través de hacerle ver sus fortalezas como parte del protocolo que seguimos, y siempre estar preparados para actuar en caso de emergencia con la Policía, los Bomberos y el SAMUR.

Para que este proyecto siga adelante necesita ayuda económica, y así poder seguir dando el servicio que tanta falta hace. Grandes y pequeñas empresas donan para causas muy conocidas pero no se implican en este grave problema, que se lleva a más de diez personas al día (y otras veinte lo intentan).

Con planes de prevención adecuados, las cifras de suicidio en España se pueden llegar a bajar al 20% en diez años. No olvidemos además lo que estas cifras suponen desde el punto de vista económico: un gasto para el Estado más que importante en forma de bajas laborales de las personas que tienen ideas autolíticas y de sus allegados, paro, atención en diferentes áreas de la salud, familias desestructuradas, etc. Por el bien común, todos deberíamos ser conscientes que detrás de una depresión puede haber un suicidio, con todo lo que de ello se deriva.

Como conclusión y tratando de mirar hacia el futuro, a pesar de que hay mucho trabajo por hacer se puede decir que se están consiguiendo avances tanto en la lucha contra la depresión como del suicidio. A nivel profesional y social, entre todos estamos consiguiendo que este tema se normalice y así la Administración podrá aportar más recursos y se reducirán estas cifras que aparecen en las estadísticas anualmente. Debemos continuar con la aportación que podamos cada uno de nosotros, ya sea en lo económico, lo profesional, difundiendo este mensaje... para que, entre todos, podamos conseguir un futuro más esperanzador.

4. LA RECONSTRUCCIÓN HACIA UNA VIDA MÁS FELIZ

Vencer un proceso depresivo no nos lleva automáticamente a ser personas felices, aunque sí nos brinda una buena oportunidad para serlo. La felicidad tiene mucho de actitud y de decisión: la actitud y la decisión de querer ser felices. Habrá momentos buenos y no tan buenos. No porque tengamos una época puntual mala quiere eso decir que estamos de nuevo con depresión o que no estamos haciendo todo lo posible por ser felices. La muerte de un ser querido, un período con problemas de salud, cansancio o agotamiento prolongado, o un problema repentino pueden hacernos sentir mal; es razonable y normal. Los ciclos vitales con diferentes estados de ánimo son naturales y en algunos casos incluso buenos para poder valorar los estados de felicidad. La tristeza o el miedo pueden ser necesarios en determinadas circunstancias. ¿Qué sería del ser humano si jamás pudiera experimentar tristeza, ni el aprendizaje de superar cualquier circunstancia vital? ¿Qué sería de nuestra civilización si no pudiéramos percibir situaciones de peligro gracias al miedo? No nos sintamos mal por experimentar miedo o tristeza. En su justa medida y en el momento adecuado son emociones imprescindibles. No en vano pueden llegar a ser clave para la supervivencia y el desarrollo del ser humano, por lo que aprender a convivir con ambas forma parte de ese proceso de reconstrucción hacia una vida más feliz. Tanto como lo es sonreír y ser positivo, también en su justa medida y en el momento adecuado.

En la elaboración de este libro me he encontrado con muchas «recetas» para prevenir la depresión o superarla. Valorando las conversaciones con los ex pacientes de depresión y los profesionales y terapeutas que han colaborado hay varias acciones que sí merece la pena destacar basadas en la experiencia mayoritaria de todos ellos.

La primera es tener rutinas, lo que es muy diferente de tener una vida rutinaria: hábitos saludables como la práctica continuada de algún tipo de ejercicio físico y otro tipo de prácticas como el yoga o la meditación. Tratar en la medida de lo posible de tener buenos hábitos alimenticios (con horarios y una alimentación saludable). Tener puesta tu atención plena en algún tipo de proyecto vital, causa u ocupación, aunque sea pequeña pero que despierte tu interés. Evitar el aburrimiento, sin descartar los momentos de necesario descanso. Usar la risa y la sonrisa: buscarla, ejercitarla, disfrutarla, también de forma habitual. No imponerla ni forzarla, sino incentivarla para que aparezca de forma natural y con frecuencia. Tener un círculo de apoyo y experimentar el sentido de pertenencia a un grupo, tan necesario para el ser humano. Verbalizar qué sientes, qué te ocurre, no a cualquiera y ante cualquier situación, sino con las personas adecuadas, pero no dejar de hacerlo. Y, cómo no, entender que la depresión es algo temporal y que se puede superar.

De igual manera, existen otros factores que para algunas personas suponen un freno en su recuperación y camino a ser más felices, a pesar de experimentar una considerable mejoría. Uno de ellos es ser capaces de perdonar a los demás (y a uno mismo) de cualquier hecho pasado que no se pueda cambiar. Aunque solo sea porque de nada nos servirá el resentimiento, que nos quitará energía de modo recurrente. En el caso particular de perdonarse a uno mismo, entender que todos cometemos errores; permítetelo tú también. De eso se trata el futuro, de crearnos nuevas oportunidades de ser más felices (adaptadas a lo que queremos, a quiénes somos «aquí y ahora»). Y vivir ese futuro de oportunidades conseguidas por nosotros mismos.

Poder reconstruirnos y empezar de nuevo es una gran oportunidad para ser lo que queramos ser. Poder mejorar tu autoestima o desapegarte de personas, cosas y actitudes que no te aportan nada bueno puede convertir la crisis de la depresión en la mejor oportunidad para ser feliz, aunque en ese camino hacia la felicidad a veces encontremos algo de ruido o confusión. Quizá por haber estado tanto tiempo centrados en «no estar mal» en vez de en «estar bien», esta etapa puede encontrarnos un poco desorientados, e incluso sentir que nos «queda grande» eso de «ser feliz», cuando es algo tan necesario para el ser humano.

Por si te aporta claridad para esa nueva etapa vital, aquí incluyo lo que a mi juicio son los diez pasos «infalibles» para ser feliz (aunque realmente no existen tales diez pasos infalibles. Huye de los decálogos que comienzan con un título como este). Dicho esto, y por si te ayuda...:

1. Ten confianza en tu propia capacidad para ser feliz y no en píldoras (reales o verbales) «milagrosas».
2. Sé lo que tú quieras ser permitiendo que los demás también lo sean... pero sé tú.
3. Si estás en condiciones de hacerlo, ayuda a otras personas. Personas que lo necesiten y lo demanden, que a ti te apetezca, a las que tu ayuda les sea útil y en aquello que no puedan hacer por sí mismos. Si buscas esa oportunidad, la encontrarás y te hará feliz.
4. Ten en cuenta que cambiarás aquello que estés dispuesto a cambiar, mejorarás aquello que estés dispuesto a mejorar y entenderás aquello que estés

dispuesto a entender. A lo que te cierres, eso no entrará en ti.

5. Atrévete a ser feliz. Hay quien piensa que ser feliz es cosa de «ricos» o de «personas con suerte». Tú puedes ser feliz. Creerlo es imprescindible para poder serlo.

6. La vida no es fácil; no te abandones ante uno o varios fracasos. De hecho, salir de una depresión no es sencillo y las recaídas existen. Pero sí se puede salir y merece la pena luchar por ello.

7. ¿A qué te comprometes? Acepta responsabilidades. No las que «te caigan», sino las que tú te asignes. Si decides no tener determinadas responsabilidades (en el amor, en el trabajo, en tu salud física y mental...), quizá tampoco tengas determinados resultados y experiencias.

8. Hay quienes prefieren morir antes que cambiar; de hecho lo hacen. Conocer y aceptar tus sombras es la única manera de poder transformarlas. Nunca es tarde para empezar una nueva vida.

9. Tener razón proviene del ego y ser feliz proviene del alma. Son caminos distintos y a veces incompatibles.

10. Todo esto ya lo sabes. Pero, ¿lo aplicas?

5. SOMOS LIBRES Y CAPACES DE ALTERAR NUESTRO «DESTINO»

La posibilidad de dirigir nuestro futuro hacia lo que queremos para nuestra vida es real. No en vano gran parte del sufrimiento humano es evitable. Somos responsables de la persona que somos y de la vida que llevamos. También de todo aquello de lo que formamos parte.

En varios apartados de este libro se menciona lo positivo de cambiar patrones que nos impidan ser felices o formas de vivir que nos llevan directamente a un proceso de depresión.

Diferentes libros y artículos nos hablan del poder de atracción de la mente humana. Es decir, la energía de atracción que producimos al desear algo mucho y creer posible que eso pueda aparecer... hasta que aparece. Es un planteamiento con el que a priori estoy de acuerdo, pero cambiando las palabras «poder de atracción» por «poder de fijación». No es tanto que atraigas cosas hacia ti sino que te fijas en ellas, pasando a constituir una prioridad para ti de modo que actúas para que puedan llegar a ser una realidad. Es una reacción proactiva, no pasiva, para la llegada de «lo bueno» a tu vida, y que además puede convertirse en un quehacer y en un «para qué vivir» muy motivante. Veamos el futuro como ese «misterio a descubrir» y sobre el que tengo poder de acción, en vez de como ese «problema a resolver». Nadie nace sabiendo ser feliz... Es es un camino personal, que iremos transitando en la medida y ritmo que nos propongamos y al que estemos dispuestos.

Como sociedad también somos libres y capaces de alterar nuestro destino. Elegir cambiar las alarmantes cifras de depresión y suicidio, y establecer este objetivo como prioridad es clave para que desde las instituciones se dediquen más recursos a ello. Es evidente que la depresión y el suicidio suponen un drama social y una señal de fracaso como sociedad. Pero si además cuantificamos económicamente el problema y nos centramos en el gasto que suponen la depresión y el suicidio para las arcas del Estado, el desembolso es mucho mayor del que podríamos imaginar. Un gasto enorme que nos ahorraríamos además de salvar muchas vidas. En el ámbito laboral, de la salud e incluso educativo, la depresión es muy costosa para la sociedad: pérdida de productividad, bajas laborales, paro, alcoholismo y drogadicción, aumento de personas sin techo, rupturas matrimoniales y desarraigo familiar, desarrollo de enfermedades ligadas a determinados procesos de depresión (digestivas, dermatológicas, neurodegenerativas, de articulaciones...) Hay otros efectos no del todo fáciles de demostrar pero que se podrían mencionar por su relación con la depresión como accidentes laborales, de tráfico, domésticos, violencia de distinta índole o incluso terrorismo.

Tengamos la esperanza de que entre todos podemos abordar el problema y empezar a solucionarlo. Poco a poco se va saliendo de la espiral tóxica de pensar que «si no se habla de un tema, se evita que ocurra». Por suerte sí se está avanzando, también como sociedad, en la buena dirección. Es necesaria una mayor voluntad por parte de nuestros gobernantes, pero también se requiere que nosotros se lo demandemos y pase a ser un tema prioritario. Ministerios y concejalías como Sanidad, Educación, Trabajo y Asuntos Sociales pueden y deben hacer más, y más coordinadamente en la lucha contra la depresión. El sector privado también puede jugar un rol imprescindible, haciendo que deje de ser un tema tabú e involucrándose en su solución. No en vano a las empresas la depresión también les supone un gran coste en forma de bajas laborales y menor productividad. La depresión también debe estar en las agendas de las ONGs y las diferentes organizaciones sociales de relevancia. Lo cierto es que siempre habrá causas mucho más mediáticas que la depresión o el suicidio, más «vendibles» y con mejor imagen. Apoyar todas las causas sociales es necesario, pero la depresión no goza en el Tercer Sector del protagonismo que debería teniendo en cuenta su gran impacto en la sociedad.

Estamos ante una enfermedad que afecta a unos 350 millones de personas en todo el mundo. En 2020 será la segunda enfermedad más extendida en el mundo y en 2030 la primera. Puedes, podemos, hacer algo para luchar contra esta lacra, esta pandemia global y que a día de hoy sigue siendo un «secreto de familia» en muchos hogares. Puedes hacer algo para superarla, y puedes hacer algo para que otros la puedan superar. Merece la pena actuar, como lo han hecho los protagonistas de las historias que recoge este libro y que son un ejemplo de que sí se puede.

EPÍLOGO

Tras finalizar la redacción de este libro, entrevistar a los diferentes ex pacientes, terapeutas, profesionales y numerosas personas que guardan algún tipo de relación con la depresión, extraigo una serie de conclusiones transversales a todas las historias que he escuchado con interés y que merece la pena destacar.

Por un lado, los pacientes no solo demandan un «buen tratamiento» sino un «buen trato». Es posible que algunos profesionales, o las personas que rodean al paciente, no sean conscientes de la gran necesidad del enfermo de este «buen trato» y lo que este supone para su recuperación. Tratar bien al paciente, de forma amable y empática, es tan posible como necesario.

Por otro lado, los profesionales son humanos y por tanto no son infalibles. Hay excepciones como en todos los gremios, pero en la gran mayoría de los casos hacen todo lo que pueden y tratan de ayudar al paciente realizando un trabajo vocacional que no siempre es bien reconocido ni remunerado. De hecho no es casualidad el riesgo elevado de «síndrome de *burnout*» que presentan algunos profesionales de la terapia, que pueden caer también en depresión. De ahí la importancia de que «el cuidador» también se cuide.

El estigma social que aún sigue teniendo el profesional de la terapia en general, y el psiquiatra en particular, no ayuda a que el paciente y sus allegados puedan generar una buena relación con él, algo clave para el proceso de recuperación del paciente. O, como ocurre en algunas ocasiones, directamente se evita ir al profesional («a mí no me llevéis a un psiquiatra...»), con todo lo que de ello se deriva. En este sentido, otro error es ser «pro-pastillas» o «anti-pastillas» pues ni lo uno ni lo otro es correcto. Ojalá la solución a la depresión fuera tan fácil y simple, ya que la realidad de la enfermedad es mucho más compleja. La solución pasa por ser «pro-paciente» bien cuidado y «pro-tratamiento» adecuado, que incluirá pastillas o no según cada caso particular.

La labor del familiar o de la persona cercana al paciente no debe estar encaminada a aconsejar, sino a acompañar. A veces las personas que más ayudan son las que menos dicen. Simplemente están ahí, no desde el «tienes que...» sino desde el «aquí estoy». Las familias, los amigos, las parejas, en muchos casos no aciertan en su forma de ayudar y es simplemente por no saber hacerlo. Nadie nos ha enseñado a ello. De ahí la importancia de poder recibir una buena educación mental y emocional, desde pequeños, en los colegios, en las familias, para poder ponerla en práctica no solo en primera persona sino con otros, pues esto es algo a lo que nos enfrentaremos la mayoría en algún momento de nuestra vida. Y lo mismo para aquellos profesionales que tendrán relación directa con potenciales casos de depresión sin saber cómo actuar.

Las redes sociales y las nuevas tecnologías han supuesto un punto de inflexión en la depresión y el suicidio, así como en la prevención de ambos. Son una extensión más de la sociedad y, cómo no, de sus miedos, frustraciones, desequilibrios o soledad. Las redes sociales, si se hace un uso inapropiado de ellas, pueden generar un gran impacto multiplicador en el tratamiento tanto de la depresión como del suicidio. La rapidez con la que se difunde un mensaje y la facilidad con la que se puede exponer de forma masiva una información generadora de gran dolor, tóxica, tergiversada o directamente falsa es abrumadora. Una muestra de ello es que mientras redacto estas líneas he leído que una trabajadora de una gran empresa fabricante de camiones y vehículos industriales, con treinta y dos años, casada y madre de dos hijos, se ha suicidado tras difundirse entre los trabajadores de la empresa un vídeo de contenido sexual protagonizado por ella antes de casarse. Un episodio tan trágico como evitable que demuestra que no podemos pedir a niños y adolescentes un comportamiento que muchos adultos no son capaces de desarrollar. Aunque se investigue y se juzgue a los culpables, como sociedad debemos cambiar algunos patrones para evitar tragedias similares que vemos de forma desacostumbradamente frecuente en las noticias de medio mundo. Un motivo para la esperanza y para ver que poco a poco las cosas están cambiando es comprobar la reacción de repulsa de gran parte de la sociedad ante este tipo de hechos, por encima de cualquier otra valoración superficial, morbosa.

Otro ámbito que se ha mencionado en diferentes entrevistas realizadas para este libro y también ligado a las nuevas tecnologías es el juego, en este caso el juego *on line*. El mundo de las adicciones siempre ha sido complejo, sensible, y ha sido un denominador común en muchas consultas de terapia. Guarda además una estrecha relación con la depresión y el suicidio. El siglo XXI también nos ha traído la proyección en Internet de una de las más delicadas y silenciosas adicciones como es el juego. La posibilidad de jugar *on line* desde casa, desde un «click», a cualquier hora y sin que nadie se pueda enterar ha contribuido al gran aumento de esta adicción, especialmente entre los jóvenes. La facilidad de jugar *on line*, así como la proliferación de numerosas salas de juego en muchos barrios invita aún más a jugar, incluso como una forma «normal» de ocio. El peligro de normalizar este tipo de actividades («todo el mundo lo hace») le da una peligrosidad aún mayor. Se trata de una actividad en la que están cayendo muchos jóvenes convirtiéndola rápidamente en adicción, con todas las graves consecuencias que de ello se derivan y que acaban en depresión: absentismo escolar y laboral, conflictos familiares, delincuencia, falta de control sobre uno mismo... Por suerte también se están dando pequeños pasos para la concienciación, ya que son cada vez más las personas que lo rechazan y denuncian. Hay crecientes campañas de advertencia, e incluso varios medios de comunicación no aceptan publicidad de empresas de juego *on line* debido a las consecuencias negativas que esto puede ocasionar.

En definitiva, el uso apropiado de las nuevas tecnologías y el saber dimensionar y gestionar apropiadamente el impacto de estas en las personas también es un factor clave en la lucha contra la depresión y el suicidio.

La depresión es algo muy serio, no es un juego. No es algo a «probar» como una experiencia vital más, o imitando a un personaje famoso a quien se admira. No debemos banalizarla ni frivolizarla, ya sea en primera persona («estoy un poco depre hoy...») o en terceros. Ni confundirla con la «falsa depresión», que es una época puntual de tristeza o anímicamente baja (algo absolutamente normal en el ser humano), o con una «pose de tristeza» cuyo objetivo es llamar la atención. Es por ello que se debe hacer caso a los numerosos síntomas de la enfermedad que se incluyen en diferentes capítulos de este libro, en los cuales se identifica con claridad lo que es una depresión. Y a partir de ahí actuar en consecuencia.

Como hemos visto a lo largo del libro, las causas de la depresión son multifactoriales y provienen de diferentes ámbitos. Y por tanto la solución también pasa por ser multifactorial y desde diferentes ámbitos de la sociedad. No podemos evitar de forma directa muchas de las causas de la depresión: la soledad a la que nos empuja la sociedad actual, el individualismo, el impacto de las redes sociales y la exposición a estas, etc. Pero sí podemos trabajar la fortaleza y resiliencia necesarias para enfrentar y abordar apropiadamente esas causas. Lo que no se puede conseguir de forma externa, hagámoslo de forma interna. Lo mismo es aplicable a nuestros hijos y las nuevas generaciones, que son el mundo de mañana. Falta mucho por hacer aunque poco a poco estamos avanzando en la buena dirección. Hay motivos para la esperanza. Y, cómo no, para actuar, para implicarse en esta gran causa. Veamos el futuro con optimismo y hagámoslo posible.

Hasta aquí llega esta particular visión para lograr algún día entre todos un mundo en el que la depresión no sea la gran enfermedad del siglo XXI. Deseo y espero haber contribuido al objetivo de este libro: servir de inspiración para vencer y superar esta enfermedad del alma. Para quien la sufra en primera persona o en alguien cercano. Para prevenirla. Y, como sociedad global, para poder vencer esta pandemia que avanza silenciosamente. Te invito a tomar parte en esta causa, a difundir este mensaje y ser un altavoz del mismo, comprobando al hacerlo todo lo que puedes ganar para tu vida a la vez que ganan los demás. La depresión puede afectarle a cualquiera, nadie está a salvo. Pero, eso sí, de la depresión se sale. Y, como bien decía Mario Benedetti... «No te rindas, que la vida es eso».

AGRADECIMIENTOS

A los supervivientes de la depresión que han compartido su historia de superación en este libro. Sois admirables.

A los psicólogos, psiquiatras y profesionales de la lucha contra la depresión que desinteresadamente han asesorado, compartido recursos y mostrado su visión de la enfermedad en este libro. En especial a la asociación La Barandilla-Teléfono contra el Suicidio, y al Teléfono de la Esperanza.

A César Quevedo, por su imprescindible colaboración y revisión de este libro.

A CIVSEM, y en especial a Miguel Ángel Velázquez, por su contribución a esta causa.

BIBLIOGRAFÍA[5]

- CARDILA FERNÁNDEZ, FERNANDO & MARTOS MARTÍNEZ, ÁFRICA & BELÉN BARRAGÁN MARTÍN, ANA & PÉREZ-FUENTES, MARÍA & DEL MAR MOLERO JURADO, Mª & GÁZQUEZ LINARES, JOSÉ. (2015). *Prevalencia de la depresión en España: Análisis de los últimos 15 años. European Journal of Investigation in Health, Psychology and Education.* 5. 10.1989/ejihpe. v5i2.118.

- BOTTO, ALBERTO; ACUNA, JULIA y JIMÉNEZ, JUAN PABLO. *A new proposal for the diagnosis of depression. Rev. méd. Chile* [online]. 2014, vol.142, n.10 [citado 2018-10-24], pp.1297-1305.

- PAOLA CASSANO, PABLO ARGIBAY. MEDICINA (Buenos Aires) 2010; 70: 185-193.

- LÓPEZ IBOR, M. I. (2007). *Ansiedad y depresión, reacciones emocionales frente a la enfermedad. Anales de Medicina Interna,* 24(5), 209-211.

- V. PERALTA, M. J. CUESTA. *Psicopatología y clasificación de los trastornos depresivos. ANALES Sis San Navarra* 2002; 25 (Supl. 3): 7-20.

- ROSSELLÓ, JEANNETTE, BERRÍOS HERNÁNDEZ, MAYRA N., *Ideación suicida, depresión, actitudes disfuncionales, eventos de vida estresantes y autoestima en una muestra de adolescentes puertorriqueños/as. Interamerican Journal of Psychology* [en línea] 2004, 38 [Fecha de consulta: 27 de octubre de 2018] Disponible en:<http://www.redalyc.org/articulo.oa?id=28438215> ISSN 0034-9690.

---

5   Aportada por la psicóloga Elena Guerrero.

- GRACIELA PARDO ANGARITA, ADRIANA SANDOVAL D., DIANA UMBARILA Z. *Adolescencia y Depresión. Revista Colombiana de Psicología*, ISSN-e 0121-5469, Vol. 13, N. 1, 2004, págs. 13-28.

- ANA G. GUTIÉRREZ-GARCÍA, CARLOS M. CONTRERAS, ROSSELLI CHANTAL OROZCO-RODRÍGUEZ. *El suicidio, conceptos actuales.* Vol.29, No.5(2006).

- CONCEPCIÓN LÓPEZ SOLER, MARIA V. ALCÁNTARA, VISITACIÓN FERNÁNDEZ, MARAVILLAS CASTRO Y JOSE A. LÓPEZ PINA. *Características y prevalencia de los problemas de ansiedad, depresión y quejas somáticas en una muestra clínica infantil de 8 a 12 años, mediante el CBCL. Anales de Psicología* 2010, vol. 26, nº 2 (julio), 325-3.

- AGUILAR-NAVARRO, S. ÁVILA-FUNESA JA. *La depresión: particularidades clínicas y consecuencias en el adulto mayor. Gac Med Mex* 2007; 143 (2)34.

- CAROL MONTES. *La depresión y su etiología. Una patología compleja. Academia Biomédica Digital*, ISSN-e 1317-987X, Nº. 18 (enero-marzo), 2004.

- SILVA, HERNÁN. (2002). *New Perspectives in the Biology of Depression. Revista chilena de neuro-Psiquiatría*, 40(Supl. 1), 9-20.

- CANO VINDEL, ANTONIO, SALGUERO, JOSÉ MARTÍN, MAE WOOD, CRISTINA, DONGIL, ESPERANZA, LATORRE, JOSÉ MIGUEL, *La depresión en atención primaria: prevalencia, diagnóstico y tratamiento. Papeles del Psicólogo* [en línea] 2012, 33 (enero-abril).

WEBGRAFÍA

- Guía de Práctica Clínica sobre el Manejo de la Depresión Mayor en el Adulto:

  https://portal.guiasalud.es/wp-content/
  uploads/2018/12/GPC_534_Depresion_Adulto_Avaliat_compl.pdf

- Guía de Práctica Clínica sobre la Depresión Mayor en la Infancia y en la Adolescencia:

  https://portal.guiasalud.es/wp-content/
  uploads/2018/12/GPC_575_Depresion_infancia_Avaliat_compl.pdf

- Tratamiento de la Depresión en Atención Primaria:

  http://www.aeesme.org/wp-content/uploads/docs/
  GPC_488_Depresion_AP_Andalucia.pdf

- Guía de Buena Práctica Clínica en Depresión y Ansiedad:

  https://www.cgcom.es/sites/default/files/guia_depresion.pdf

- Primer informe de la Organización Mundial de la Salud para la prevención del suicidio:

  https://www.who.int/mental_health/suicide-prevention/world_report_2014/es/

- Centro de documentación de Conducta Suicida de la Fundación Salud Mental España:

  https://www.fsme.es/centro-de-documentaci%-C3%B3n-sobre-conducta-suicida/

RECURSOS

- Teléfono contra el suicidio: 910 380 600, creado por la Asociación La Barandilla: https://www.labarandilla.org/telefono-contra-el-suicidio/

- Teléfono de la esperanza, para situaciones de crisis: 91 459 00 55 - 717 003 717 https://www.telefonodelaesperanza.org/intervencion-en-crisis

- Fundación Española para la Prevención del Suicidio: https://www.fsme.es/

- Prevensuic, App en español para prevenir el suicidio: https://www.prevensuic.org/

GLOSARIO DE TÉRMINOS[6]

[1] **DSM-5**: El *Manual Diagnóstico y Estadístico de los Trastornos Mentales* (en inglés, Diagnostic and Statistical Manual of Mental Disorders, abreviado DSM), editado por la Asociación Estadounidense de Psiquiatría, es un sistema de clasificación de los trastornos mentales que proporciona descripciones claras de las categorías diagnósticas con el fin de que los clínicos e investigadores de las ciencias de la salud puedan diagnosticar, estudiar e intercambiar información y tratar los distintos trastornos.

La edición vigente es la quinta, conocida como DSM-5, y se publicó el 18 de mayo del 2013. El DSM se elaboró a partir de datos empíricos y con una metodología descriptiva, con el objetivo de mejorar la comunicación entre clínicos de variadas orientaciones y de clínicos en general con investigadores diversos. Por esto, no tiene la pretensión de explicar las diversas patologías, ni de proponer líneas de tratamiento farmacológico o psicoterapéutico, como tampoco de adscribirse a una teoría o corriente específica dentro de la Psicología o de la Psiquiatría.

Paralelamente, la Organización Mundial de la Salud (OMS) recomienda el uso del sistema internacional denominado CIE-10, acrónimo de la Clasificación Internacional de Enfermedades, décima versión, cuyo uso está generalizado en todo el mundo.

---

6   Las definiciones que se recogen a continuación tienen como objetivo facilitar la comprensión de la lectura, recogiendo la definición de algunos tecnicismos y palabras poco frecuentes que aparecen a lo largo del libro, pero no en calidad de diccionario de términos del mundo de la depresión. La mayoría de las definiciones se han extraído del Diccionario de la Lengua Española (RAE) y de la enciclopedia virtual wikipedia.org.

Ambos sistemas de diagnóstico (DSM y CIE) tienen muchas similitudes y algunas diferencias puesto que no tienen exactamente la misma finalidad. Teniendo en cuenta que ambos se orientan al diagnóstico, el DSM tiene como objetivo una descripción sistemática y precisa de los criterios diagnósticos y características propias de un trastorno, mientras que la CIE se orienta más a realizar un registro y análisis de las características presentes del trastorno. En este sentido, el primero podría ser considerado más preciso en su descripción de los síntomas.

[2] **Trastorno esquizoafectivo**: es el diagnóstico psiquiátrico que describe un trastorno mental caracterizado por episodios recurrentes de un trastorno del estado de ánimo (depresivo o bipolar) que cursan en todos los casos con síntomas psicóticos que se observan en la esquizofrenia. Puede incluir distorsiones en la percepción que se alternan o suceden al mismo tiempo que episodios maníacos o depresivos. Este deterioro en la percepción o expresión de la realidad puede afectar a los cinco sentidos, pero mayormente se manifiesta en la forma de alucinaciones auditivas o visuales, delirios paranoides o grandiosos y comportamiento u pensamientos desorganizados, con una disfunción social u ocupacional significativa.

Normalmente, los síntomas se inician en la adultez temprana, aunque, raramente, también es diagnosticada en la infancia (antes de los 13 años de edad). La prevalencia del trastorno es incierta (debido a que los estudios prácticos utilizan criterios de diagnóstico variados), aunque existe un consenso en que es menor al 1% de la población y que, posiblemente, se encuentre en un rango de entre el 0,5% y el 0,8%.

El diagnóstico se basa en las experiencias informadas por el paciente y en el comportamiento observado. Actualmente, no existe ningún análisis de laboratorio que permita detectar el trastorno. Como grupo, las personas que padecen un trastorno esquizoafectivo tienen una mejor prognosis que aquéllas con esquizofrenia, pero un peor pronóstico que aquéllas con trastornos de ánimo.

[3] **Trastorno esquizofreniforme**: es un trastorno mental relacionado con la esquizofrenia. Las características esenciales de trastorno esquizofreniforme son idénticas a las de la esquizofrenia excepto por dos diferencias: la duración total de la enfermedad (incluyendo sus fases prodrómica, activa y residual) es de al menos 1 mes pero menos de 6 meses y no es requerido que exista discapacidad social u ocupacional durante parte de la enfermedad (aunque puede ocurrir que así sea).

Alrededor de la mitad de las personas diagnosticadas con trastorno esquizofreniforme terminan siendo diagnosticados con esquizofrenia. Este trastorno es más común en personas que tienen miembros de la familia con esquizofrenia o trastorno bipolar. La causa exacta del trastorno es desconocida.

La principal diferencia con la esquizofrenia es la duración de la enfermedad. Los síntomas deben mantenerse durante más de un mes pero menos de seis meses. Esto es distinto en la esquizofrenia donde la enfermedad tiene que durar más de seis meses. El trastorno psicótico breve dura menos de un mes.

El tratamiento es similar al de la esquizofrenia. Como en el caso de la esquizofrenia, este trastorno no debe haberse producido por enfermedad médica o por abuso de sustancias.

Una recuperación total del trastorno es probable. La medicación y la psicoterapia se utilizan para tratar el trastorno esquizofreniforme. En casos extremos el paciente necesita ser hospitalizado. Ocurre a partes iguales entre hombres y mujeres.

[4] **Trastorno delirante**: el trastorno delirante o psicosis paranoica (el término paranoia fue durante muchos años de uso más frecuente) es un trastorno psicótico caracterizado por ideas delirantes no extrañas en ausencia de cualquier otra psicopatología significativa. En particular, la persona con este trastorno no ha cumplido nunca los criterios para la esquizofrenia y no tiene alucinaciones notorias, aunque pueden estar presentes alucinaciones auditivas, táctiles u olfativas, si estas están relacionadas con el tema del delirio.

Una persona con trastorno delirante puede ser bastante funcional y no tiende a mostrar un comportamiento extraño excepto como resultado directo de la idea delirante. Sin embargo, con el tiempo la vida del paciente puede verse más y más abrumada por el efecto dominante de las creencias anormales.

El término paranoia ha sido utilizado previamente en Psiquiatría para denominar lo que ahora se conoce como 'trastorno delirante'. El uso psiquiátrico moderno de la palabra paranoia es sutilmente diferente pero actualmente rara vez se refiere a este diagnóstico específico.

El significado del término ha cambiado con el tiempo, y por lo tanto diferentes psiquiatras pueden entender por él diferentes estados. El diagnóstico moderno más adecuado para la paranoia es el de trastorno delirante.

[5] **Episodio hipomaníaco: Episodio de hipomanía**. La hipomanía es una condición afectiva caracterizada por un ánimo persistentemente expansivo, hiperactivo y/o irritable, como también por pensamientos y comportamientos consecuentes a dicho ánimo, que se distingue de un estado de ánimo normal. Los individuos en estado hipomaníaco tienen menos necesidad de dormir y descansar, pueden ser híper-empáticos y tienen una enorme cantidad de energía. Este estado patológico constituye una de las fases del trastorno bipolar tipo II y de la ciclotimia.

A diferencia de los que padecen manía (es decir, del episodio maníaco) aquellos con sistemas hipomaníacos son plenamente funcionales, e incluso son de hecho a menudo más productivos de lo normal. Específicamente, la hipomanía se distingue de la manía por la ausencia de síntomas psicóticos y por su menor grado de impacto en la funcionalidad. Un episodio hipomaníaco no es un trastorno psicopatológico en sí, sino que es una característica de otros cuadros como la Ciclotimia y el Trastorno Bipolar tipo II (según el DSM-IV-TR: Manual diagnóstico y estadístico de los trastornos mentales, en su cuarta edición), pero también puede ocurrir en el trastorno esquizoafectivo. Con la hipomanía, a veces se presenta aumento de la creatividad y de la energía productiva. Existe una significativa cantidad de gente con talentos creativos que ha experimentado hipomanía u otros síntomas del trastorno bipolar, y le han atribuido su éxito a dicho trastorno.

[6] **Logorrea**: trastorno de la comunicación, a veces clasificado como enfermedad mental, caracterizado por una locuacidad incoherente. Como sinónimos se usa «verborrea» o «incontinencia verbal». Se presenta como síntoma de algunos trastornos psiquiátricos, como los bipolares, alteraciones de las facultades del lenguaje como la afasia de Wernicke, una lesión cerebral o debido a una enfermedad progresiva.

[7] **Mindfulness**: también llamado atención plena o conciencia plena, es un práctica basada en la meditación vipassana (una de las técnicas de meditación más antiguas de la India). Consiste en estar atento de manera intencional a lo que hacemos, sin juzgar, apegarse, o rechazar en alguna forma la experiencia. Es decir, en prestar atención desapasionada a los pensamientos, las emociones, las sensaciones corporales y el ambiente circundante, sin juzgar si son adecuados. Por tanto la atención se enfoca en lo que se percibe, sin preocuparse por los problemas, sus causas y consecuencias, ni buscar soluciones.

[8] **Recidiva**: reaparición de una enfermedad algún tiempo después de padecida.

[9] **Serotonina**: es un neurotransmisor que se sintetiza a partir de la transformación del aminoácido triptófano. Se la encuentra en plantas y animales interviniendo en muchos procesos fisiológicos. El 90 % del total de la serotonina presente en el cuerpo humano, puede encontrarse en el tracto gastrointestinal y en las plaquetas de la sangre, el resto es sintetizado en neuronas del cerebro.

Es un neuromodulador fundamental del sistema nervioso del humano. Los procesos conductuales y neuropsicológicos modulados por la serotonina incluyen: el estado de ánimo, la percepción, la recompensa, la ira, la agresión, el apetito, la memoria, la sexualidad y la atención. Su metabolismo está asociado en varios trastornos psiquiátricos y su concentración se ve reducida por el estrés.

El comportamiento humano depende, entre otras cosas, de la cantidad de luz que el cuerpo recibe por día. De esta manera, puede producirse durante las estaciones menos soleadas (otoño e invierno) un aumento de la depresión y falta de estímulo sexual. Cuando llega la primavera y el verano, la serotonina se condiciona a la luz que recibe del organismo, lo que conlleva un aumento progresivo del bienestar y la felicidad con mayor estímulo sexual, producto de las concentraciones de este neurotransmisor en el cerebro. Se podría decir que la serotonina es la «hormona del placer», además de ser la «hormona del humor».

[10] **Autolítica**: se denomina ideación autolítica a la presencia persistente en una persona de pensamientos o ideas encaminadas a cometer suicidio.

[11] **Autolisis**: es la acción de suicidarse. Su acepción mayoritaria está en el ámbito biológico, donde autolisis hace referencia a un proceso por el cual una célula se autodestruye.

[12] **Etiológico**: es lo perteneciente o relativo al ámbito de la etiología, que (en ámbito de la medicina) es el estudio sobre las causas de las enfermedades.

[13] **Concomitante**: es aquello que aparece o actúa conjuntamente con otra cosa.

[14] **Comórbido/a**: en Psiquiatría y Psicología la comorbilidad consiste en la presencia de más de un diagnóstico que se da en un individuo simultáneamente. En Psiquiatría esto no implica necesariamente la presencia de múltiples enfermedades, sino que en realidad puede reflejar la incapacidad en este momento para asignar un único diagnóstico para todos los síntomas.

[15] **Terapia psicoanalítica**: también conocida como psicoanálisis, es una práctica terapéutica desarrollada por el neurólogo austriaco Sigmund Freud en 1896. Consiste en una técnica de tratamiento psicoterapéutico basada en la exploración del inconsciente a través de la «asociación libre» (que el analizado exprese, durante las sesiones del tratamiento, todas sus ocurrencias, ideas, imágenes, emociones, pensamientos, recuerdos o sentimientos, tal cual como se le presentan, sin

ningún tipo de selección, ni estructuración del discurso, sin restricción ni filtro, aun cuando el material le parezca incoherente, impúdico, impertinente o desprovisto de interés). A diferencia de los métodos que se basan en ejercicios, entrenamiento o aprendizaje (como las técnicas conductuales) o de las explicaciones en el plano cognitivo, el Psicoanálisis se cuenta entre las técnicas de descubrimiento o develación que intentan que el paciente logre una comprensión profunda de las circunstancias (generalmente inconscientes) que han dado origen a sus afecciones, o son la causa de sus sufrimientos o malestares psíquicos. Aunque frecuentemente se asocia esto a la introspección, constituye un malentendido esperar como objetivo esencial de la terapia psicoanalítica una comprensión racional acerca de las relaciones causales. Se trata más bien de lograr una reestructuración de más amplio alcance de la personalidad, muy especialmente de la vida afectiva y particularmente en aquellas áreas que contribuyen y mantienen la formación de síntomas, o de formas defensivas que causan daño o malestar.

El psicoanálisis clásico se desarrolla durante algunos años con una frecuencia de tres a cinco veces por semana. En el «setting» clásico el paciente se recuesta en un diván y habla, en lo posible sin censura, sobre todo lo que siente, piensa, poniendo en palabras toda ocurrencia que le venga a la mente. El analista, que está sentado tras él, escucha manteniendo su atención, y comunica al paciente sus interpretaciones, hechas en base al material que va apareciendo durante el proceso analítico. El analista entrega estas interpretaciones a su paciente tantas veces como considere conveniente y en las situaciones que decida. En particular el analista captará e interpretará los patrones emocionales y de funcionamiento psíquico, los mecanismos típicos que el paciente repite en la relación con él en forma de transferencia y, básicamente, las formaciones del inconsciente que surjan en el discurrir del analizante a lo largo de su análisis.

[16] **Terapia psicodinámica**: se deriva del psicoanálisis, del cual surge como modificación para una mayor brevedad, por

medio de la focalización de la intervención en ciertos conflictos destacados en la condición actual del consultante. El psicoanálisis tiende a incluir mayor número de sesiones y pretende una exploración más en profundidad, particularmente acerca de los conflictos inconscientes del paciente, como por ejemplo aquellos relacionados con la temática «edípica» (relativa al complejo de Edipo o conflicto edípico, y que se refiere a un conjunto complejo de emociones y sentimientos infantiles caracterizados por la presencia simultánea y ambivalente de deseos amorosos y hostiles hacia los progenitores).

La terapia psicodinámica, en cambio, se centra de manera más focalizada en el aquí y ahora, dirigiéndose de manera más activa hacia la problemática actual del paciente, tenga esta base en su pasado o no.

[17] **Terapia cognitiva**: consiste en detectar los pensamientos y las actitudes que inciden en nuestras emociones de forma negativa. El postulado central de la terapia cognitiva es que las personas sufren por la interpretación que realizan de los sucesos y no por estos en sí mismos. Durante el proceso terapéutico se busca que la persona paciente flexibilice la adscripción de significados y encuentre ella misma interpretaciones más funcionales y adaptativas.

A menudo se habla de una diferencia entre la terapia cognitiva y la cognitivo-conductual según el nivel de inferencia y enfoque teórico de partida, ya sea de la conducta o la cognición. El enfoque cognitivo clásico considera que dentro del proceso de pensamiento se pueden localizar explicaciones sobre la conducta. Desde el enfoque conductual la explicación de la conducta solo puede sustentarse en el medio y no en conceptos intrapsíquicos (dentro de la mente). Sin embargo la visión del enfoque cognitivo-conductual identifica una estrecha relación entre comportamiento y cognición (por lo que importa técnicas conductuales para modificar patrones emocionales y de pensamiento). Pretende así, superar la visión asociacionista del estímulo-respuesta, por un proceso mental de significación y creación de reglas. Parte del supuesto que tanto los aspectos cognitivos, afectivos y conductuales están interrelacionados de modo que un cambio en uno de ellos afecta a los otros dos componentes.

Por otra parte, también suele referirse a la terapia cognitiva como la aplicación de la Psicología cognitiva, al mantener una concepción psicológica centrada en los procesos mentales (como el razonamiento, memoria y atención) y desde un punto de vista intrapsíquico (entendiendo que existe algo dentro de la mente comparable de unas personas a otras). Es por tanto, aparentemente incompatible con la visión psicoanalítica, que no se centra en el proceso mental.

Las terapias cognitivo-conductuales son orientaciones de la terapia cognitiva enfocadas en la vinculación del pensamiento y la conducta, y que recogen los aportes de distintas corrientes dentro de la Psicología científica, siendo más que una mera fusión, como aplicación clínica, de la Psicología cognitiva y la Psicología conductista. Suelen combinar técnicas de reestructuración cognitiva, de entrenamiento en relajación y otras estrategias de afrontamiento y de exposición.

[18] **Terapia Gestalt**: es una psicoterapia que tiene como objetivo sobreponerse a ciertos síntomas, permitirle llegar a ser más completo y creativamente vivo y liberarlo de los bloqueos y asuntos inconclusos que disminuyen su satisfacción óptima, su autorrealización y su crecimiento.

También, puede definirse como una forma existencial/experimental que enfatiza la responsabilidad personal y se enfoca en la experiencia del individuo en el momento presente, la relación entre el terapista y el paciente, y el ambiente y contexto social de la vida de la persona y los ajustes que hace la gente como resultado de la situación general que le rodea.

La Asociación Psicológica Estadounidense (APA) se refiere a la terapia Gestalt como un tipo de terapia humanista especialmente relevante, y señala que se basa en el «holismo organísmico» (la importancia de ser consciente del aquí y ahora y que cada uno acepte la responsabilidad de sus propios actos).

[19] **Terapia humanista**: también llamada humanística, es la que se deriva de la Psicología humanista, una corriente dentro

de la Psicología del siglo XX, desarrollada en las décadas de los 50 y 60.

La Psicología humanista se caracterizó por apoyarse en alguna concepción del ser humano de índole filosófica (con antecedentes que van de Sócrates a la fenomenología y la filosofía de la existencia y existencialismo), con raíces en Kierkegaard, Nietzsche, Heidegger, Merleau-Ponty y Sartre, desde donde se abordan temáticas como la libertad de decisión, la búsqueda de sentido, la experiencia inmediata y la personalidad como un proceso en desarrollo.

Surgió como reacción al reduccionismo del conductismo y el Psicoanálisis ortodoxo freudiano, dos teorías con planteamientos opuestos en muchos sentidos, pero que predominaban en ese momento; hay que aclarar que —contrario al conductismo (de pensamiento monista, materialista y determinista)— el psicoanálisis se fundamenta en la filosofía humanista y desde siempre ha pretendido que la persona sea responsable de sí misma y de su devenir; por tanto, esta última ha dado muchos aportes al desarrollo de la Psicología humanista. Pretende la consideración global de la persona y la acentuación en sus aspectos existenciales (la libertad, el conocimiento, la responsabilidad, la historicidad), criticando a una Psicología que, hasta entonces, se había inscrito exclusivamente como una ciencia natural, intentando reducir al ser humano a variables cuantificables (conductismo), o que, en el caso del psicoanálisis, se había centrado en los aspectos negativos y patológicos de las personas (la enfermedad humana). Es decir: tanto el psicoanálisis, como el conductismo, se basaban, principalmente, en tratar al ser humano como animal, cosa que es, pero no solamente (el psicoanálisis se centraba en los instintos y el conductismo en los mecanismos de acción, reacción y refuerzo).

[20] **Terapia sistémica**: es una disciplina terapéutica que se aplica para el tratamiento de disfunciones, trastornos y enfermedades concebidas como expresión de las alteraciones en las interacciones, estilos relacionales y patrones de comunicación

humano, que está basada en la Teoría General de Sistemas de Ludwig von Bertalanffy.

Se basa en un enfoque psicoterapéutico cuyos orígenes están en la terapia familiar (a la que también se llama terapia familiar sistémica). Sin embargo, se diferencia de ésta en tanto que no considera a la familia como el gran foco de atención terapéutica.

Así, aunque los conceptos y técnicas de la Terapia sistémica pueden aplicarse a las relaciones de pareja, equipos de trabajo, contextos escolares e individuales (tal y como también hace la terapia familiar), el énfasis está puesto en la dinámica de los procesos de comunicación, en las interacciones entre los miembros del sistema y los subsistemas que lo componen.

La terapia sistémica ha tenido logros como complemento en tratamientos de trastornos de la conducta alimentaria, drogodependencias y conductas infantiles disfuncionales, así como en ciertas depresiones clínicas donde la terapia sistémica de pareja ha resultado eficaz, aunque no tanto como otras aproximaciones clínicas.

[21] **Psicosomatización**: el fenómeno psicosomático es un concepto del psicoanálisis que se refiere a una lesión orgánica que se considera de origen psicológico. Es un síntoma físico que se supone producto de un padecimiento mental. Aunque desde la Psiquiatría se habla de afección psicosomática y no de síntoma psicosomático, desde el psicoanálisis, se lo denomina fenómeno psicosomático y no síntoma porque, a diferencia del síntoma psicoanalítico, no es una formación transaccional o de compromiso entre fuerzas opuestas en conflicto, sino que se trata de una lesión física susceptible de ser apreciada en el cuerpo del paciente.

El fenómeno psicosomático o FPS aparece en pacientes con enfermedades consideradas por la medicina como psicosomáticas. Entre ellas encontramos desde las afecciones alérgicas de la piel, algunas gripes o las jaquecas hasta los estados hipertérmicos. El FPS aparece en patologías como el asma bronquial, la úlcera gástrica, la gastritis, la colitis ulcerosa, el síndrome de colon irritable, la hipertensión arterial, la neurodermatitis, la artritis reumatoide, el síndrome de fatiga crónica, el síndrome de Kearns-Sayre, el síndrome de Klippel-Feil, la tirotoxicosis, algunos tipos de fibromialgia, el infarto de miocardio, la enfermedad de Crohn, la urticaria, el lupus eritematoso sistémico, la alopecia, la fiebre del heno, algunas enfermedades coronarias, algunas enfermedades atópicas, algunas dermatitis, algunos tipos de diabetes, algunos tipos de cáncer, la púrpura trombocitopénica idiopática, la blefaritis, algunas enfermedades culturales, algún hipertiroidismo, algún hipotiroidismo, los eczemas o la psoriasis, todos ellos pueden ser mensajes silenciosos del cuerpo.

Algunos estudiosos llegan a postular que la mitad de las enfermedades tienen un origen psicosomático.

[22] **Rumiativa**: las rumiaciones son pensamientos nocivos recurrentes, es decir, que aparecen una y otra vez dando lugar a un sentimiento de frustración. El pensamiento rumiativo, es el patrón mental obsesivo por el que una persona oscila entre los distintos aspectos de una cuestión, pasando de un pensamiento a otro de forma repetitiva sin obtener con ello soluciones o resultados concretos.

[23] **Homeostasis**: es una propiedad de los organismos que consiste en su capacidad de mantener una condición interna estable compensando los cambios en su entorno mediante el intercambio regulado de materia y energía con el exterior (metabolismo). Se trata de una forma de equilibrio dinámico que se hace posible gracias a una red de sistemas de control realimentados que constituyen los mecanismos de autorregulación de los seres vivos. Ejemplos de homeostasis son la regulación de la temperatura corporal y el balance entre acidez y alcalinidad (pH).

En el ámbito de la Psicología, el término homeostasis psicológica fue introducido por W. B. Cannon en 1932, haciendo referencia a la tendencia general de todo organismo al restablecimiento del equilibrio interno cada vez que éste es alterado. Estos desequilibrios internos, que pueden darse tanto en el plano fisiológico como en el psicológico, reciben el nombre genérico de necesidades. De esta manera, la vida de un organismo puede definirse como la búsqueda constante de equilibrio entre sus necesidades y su satisfacción. Y toda acción tendente a la búsqueda de ese equilibrio es, en sentido amplio, una conducta.

[24] **Disforia**: es el opuesto etimológico de la euforia. Se caracteriza generalmente como una emoción desagradable o molesta, como la tristeza en estado de ánimo depresivo, ansiedad, irritabilidad o inquietud. Es un desarreglo de las emociones que se puede experimentar en respuesta a acontecimientos vitales ordinarios, como la enfermedad o el duelo. Además, es un rasgo de muchos trastornos psiquiátricos como los trastornos por ansiedad y los trastornos del estado de ánimo. La disforia se experimenta normalmente durante episodios depresivos, pero las personas con trastorno bipolar pueden también experimentarlo durante los episodios maníacos o hipomaníacos. La disforia, en el contexto de un trastorno de las emociones es un indicador de riesgo elevado de suicidio.

[25] **Depresógenos**: son aquellos eventos, circunstancias o situaciones que pueden desencadenar una depresión; como es la muerte un ser muy querido, la pérdida de un trabajo necesario, el padecimiento de una enfermedad grave, etc.

[26] **Citoquinas**: también llamadas «citocinas», son los agentes responsables de la comunicación intercelular. Es decir, son moléculas que comunican unas células con otras, y son tan importantes como las hormonas o neurotransmisores. Fueron descubiertas en la década de los 60-70 a la par que se estudió el VIH; comenzó con la comunicación entre las células del Sistema Inmunitario (S.I) Intervienen en la proliferación, diferenciación, movimiento y desplazamiento, supervivencia y muerte celular. Además están implicadas en la respuesta inmune, inflamación, cicatrización, reproducción celular, gestación, crecimiento y mantenimiento de las células del Sistema Nervioso y metabolismo energético.

[27] **Neuroplasticidad**: también llamada plasticidad neuronal, plasticidad neural o plasticidad sináptica, es la propiedad que emerge de la naturaleza y funcionamiento de las neuronas cuando estas establecen comunicación, y que modula la percepción del medio. Esta dinámica deja una huella al tiempo que modifica la eficacia de la transferencia de la información: la que sale de nosotros, y la que entra. Dichas huellas son los elementos de construcción de la cosmovisión (o visión del mundo) en donde lo anterior modifica la percepción de lo siguiente. A partir de las cosmovisiones, los agentes cognitivos interpretan todo lo existente, y definen las nociones comunes de los diversos campos de la vida: desde la política, la economía o la ciencia hasta la religión, la moral o la filosofía. Es decir, se trata de la manera en que una sociedad o persona percibe el mundo y lo interpreta.

[28] **Terapia de aceptación y compromiso (ACT)**: es un tipo de intervención psicológica orientada a la aceptación psicológica y a los valores personales. Emplea la aceptación, entendida como la capacidad humana de experimentar el estar conscientes, en el aquí y el ahora, de las sensaciones, los pensamientos, sentimientos, emociones, recuerdos, imágenes, etc. (que llamamos eventos privados). Esta capacidad de estar conscientes vendría unida al compromiso de llevar a cabo acciones acordes con los valores personales y también estaría vinculada con las estrategias de cambio necesarias para aumentar la flexibilidad psicológica. La flexibilidad psicológica hace referencia a la posibilidad de contactar con los eventos privados que ocurren en el presente, tanto como nos sea posible como seres humanos, al tiempo que elegimos bien abandonar o bien persistir en una acción que implica malestar pero que está al servicio de los valores que uno identifica como propios.

La ACT sostiene que a la base de los problemas psicológicos se encuentra el lenguaje, haciendo inevitable que en ciertas condiciones surjan pensamientos y sensaciones que puedan vivirse como molestos. El hecho de ser verbales, facilita, además, el que las personas se enreden en luchar contra los propios eventos privados, y persistan en ello a pesar de que con frecuencia los resultados de tales luchas resulten contraproducentes. Mediante metáforas, paradojas y ejercicios experienciales los clientes aprenden a contactar con los pensamientos, sentimientos, recuerdos y sensaciones, tanto los previamente temidos y evitados como cualesquiera otros que surjan. De esta forma, las personas aprenden la habilidad de re-contextualizar estos eventos privados, clarifican lo que les importa en su vida; lo que en el fondo y radicalmente valoran, y adquieren el compromiso con los cambios necesarios en la acción.

[29] **Síndrome de *burnout***: también llamado «síndrome de desgaste profesional», es un padecimiento que a grandes rasgos consistiría en la presencia de una respuesta prolongada de estrés en el organismo ante los factores estresantes emocionales e interpersonales que se presentan en el trabajo, que incluye fatiga crónica o ineficacia.

Este síndrome no se encuentra reconocido en el *Manual Diagnóstico y Estadístico de los Trastornos Mentales* (DSM-5), aunque sí es mencionado brevemente en la Clasificación Internacional de Enfermedades de la Organización Mundial de la Salud, asociado a «problemas relacionados con el manejo de las dificultades de la vida». Cabe indicar, eso sí, que en algunos países europeos a los pacientes con desgaste profesional se les diagnostica bajo el nombre «síndrome de neurastenia» siempre que sus síntomas estén asociados al trabajo, en concordancia con la lógica de planteamientos presentes en algunas investigaciones, quienes la vinculan con el síndrome de *burnout*, considerándolo, por lo tanto, como una forma de enfermedad mental.

[30] **Anhedonia**: es la incapacidad para experimentar placer, la pérdida de interés o satisfacción en casi todas las actividades. Se considera una falta de reactividad a los estímulos habitualmente placenteros. Constituye uno de los síntomas o indicadores más claros de depresión, aunque puede estar presente

en otros trastornos, como por ejemplo, en algunos casos de demencias (Alzheimer) y el trastorno esquizoide de la personalidad.

Alfonso Basco (Madrid, 1979) es un apasionado del desarrollo personal, consultor y emprendedor. Su trayectoria profesional está vinculada inicialmente a la Bolsa y la banca de inversión, y posteriormente a la cooperación para el desarrollo y el emprendimiento social.

Actualmente dirige Impactoring®, consultora a través de la cual apoya diversos proyectos de emprendimiento. Lleva más de una década involucrado en la lucha contra la depresión y el suicidio, en su visibilización y en la búsqueda de soluciones eficaces e integradoras.

www.ingramcontent.com/pod-product-compliance
Lightning Source LLC
LaVergne TN
LVHW020051210726
843507LV00015B/1337